The History of Design/Modern Architecture
デザイン／近代建築史
1851年から現代まで

柏木博＋松葉一清 共著

鹿島出版会

はじめに
―― 表現創造領域への新たなスクールブック

　モダンデザインに対する概念が1980年代以降、大きく揺らいだ状況を踏まえて、デザインと建築を関連づける「新たな歴史解説書」はできないだろうか、二人の筆者と編集者のそのような思いが、このスクールブックの出発点だった。

　いわゆるデザインという概念の誕生を、1851年に英国ロンドンで開催された大博覧会に求めるなら、「デザイン史」はそのまま「近代建築史」と同じ時間を共有してきたことになる。建築史は古来、設計をはじめ建築に将来を託す初学者にとって、必須の学習領域とされてきた。それと比較すれば時間的な陶冶の少ない「デザイン史」だが、デザインの創造に関わろうとするひとびとは、建築を目指す若者と同じくその概要を把握する必要があることを、美術大学の教壇に立つ筆者は痛感している。

　「デザイン史」の理解にあたって、「近代建築史」は大きな時代変動を把握する有力な助けとなる。また、建築の概念が、20世紀後半から一気に消費の領域に拡大した状況を踏まえるなら、建築に携わるひとびとは、「デザイン史」を照覧しながら学習するほうが、的確な「近代建築史」の理解にいたるのではと思う。

　ここに『デザイン／近代建築史』を上梓する意義がある。本書の「デザイン史」は社会思想を、「近代建築史」は都市構築と都市文化の動向を、それぞれ踏まえて綴られた。二人の筆者が両領域の連動を意識した結果である。新たなスクールブック（教科書であり、表現創造領域の副読本）として、専門教育の場での活用を期待している。

柏木　博
松葉一清
2013年3月1日

目　　次

003　　はじめに——表現創造領域への新たなスクールブック

第1章　1850年代→1880年代
クリスタル・パレスからアーツ・アンド・クラフツへ

010　　産業技術革新の実りとしての生活芸術への着目

【デザイン編】
013　　デザイン事始め、「大英博覧会」と「赤い家」

【建築編】
025　　「個」と「メトロポリス」を読み解く複線の史観

［コラム］
博覧会(**014**)／トーネット(**015**)／ラファエル前派(**018**)
空想建築家(**026**)／パサージュと百貨店(**027**)／モードの街路(**030**)

第2章　1880年代→1900年代
マッキントッシュ、ウィーン分離派からアール・ヌーボーへ

038　　世紀末の流動社会と表現

【デザイン編】
041　　ポスター、家具、そして都市と室内

【建築編】
053　　渦巻く新様式のきらめき

［コラム］
ジャポニスム(**044**)／「引札」と「絵びら」(**046**)／ナンシー派(**052**)
エッフェル塔(**055**)／アントニオ・ガウディ(**059**)／田園都市(**062**)

第 3 章　1900年代→1920年代
ドイツ工作連盟からバウハウス、モダンデザインの成立へ

066　**規格化によるモダンデザイン成立**

【デザイン編】
069　**規格化とフォーディズムがもたらす新時代**

【建築編】
081　**フォーディズム、メディア、警句の建築家**

［コラム］
ムテジウス（**070**）／モンドリアン（**072**）／アーモリー・ショー（**077**）
カリガリ博士とメトロポリス（**089**）／アムステルダム派（**090**）／未来派（**091**）

第 4 章　1920年代→1940年代
アール・デコ　～ヨーロッパからアメリカへ

094　**消費の拡大とアメリカの貢献**

【デザイン編】
097　**モダンライフを切り拓くデザイン**

【建築編】
109　**政治と商業の狭間に揺れた最後の装飾様式アール・デコ**

［コラム］
ファシズムとコミュニズム（**098**）／20世紀特急（**103**）／ダスト・ボウル（**106**）
モダン東京（**114**）／フランク・ロイド・ライト（**115**）／赤いウィーン（**119**）

第 5 章　1940年代→1960年代
ローウィ以後　〜工業デザインの確立と消費市場

122 …………… 戦時体制と復興

【デザイン編】
125 …………… 新大陸に開花した高度工業化時代のデザイン

【建築編】
137 …………… 世界制覇をなし遂げたモダニズムの黄金時代

［コラム］
ベスパ(**127**)／フォルクスワーゲン(**130**)／博覧会から五輪へ(**135**)
メタボリズム(**143**)／ミノル・ヤマサキ(**147**)／ブルータリズム(**148**)

第 6 章　1960年代→現在
政治、経済、情報環境の絶え間ざる変化の渦中で

150 …………… モダンデザインの変質と脱近代

【デザイン編】
153 …………… 異議申し立てを超えて

【建築編】
165 …………… 建築本来の価値体系への回帰を
目指すポスト・モダン

［コラム］
ホール・アース・カタログ(**154**)／王室のポスト・モダン(**159**)
インターフェースのデザイン(**162**)／ビヨンド・ユートピア(**166**)
ブームタウンの夢のあと(**171**)／ベルリンの絶望(**174**)

177 …………… 註
178 …………… 参考文献　図版クレジット
179 …………… 索引

［執筆担当］

柏木 博
pp.010-024, pp.041-052, pp.066-080,
pp.097-108, pp.122-136, pp.153-164,
p.046コラム

松葉一清
pp.025-039, pp.053-064, pp.081-095,
pp.109-120, pp.137-151, pp.165-176,
p.046除くコラムすべて

デザイン／近代建築史
The History of Design / Modern Architecture

第 1 章
1850年代→1880年代

クリスタル・パレスから
アーツ・アンド・クラフツへ

時代概要……………………1850年代→1880年代

産業技術革新の実りとしての生活芸術への着目

19世紀半ばから80年代は、伝統に基づいた工芸的なものづくりから、機械を背景にした産業的なものづくりへの変化が、はっきりと現れはじめた時代であった。技術先進国であったイギリスでは、すでにロバート・スティーブンソン、ジョセフ・ロック、イサムバード・ブルーネルといったエンジニアたちによって鉄道網が広がっていた。ものと人間の高速移動は経済システムを変化させるとともに、関連領域の技術も活性化させていった。

他方、アメリカでは、「アメリカ的生産方式」とも呼ばれる互換性を持った部品によってつくられる製品の生産が始まっていた。1820年代にジョン・ハンコック・ホールによって開発された「フリントロック式」の小銃は、レミントンやウインチェスターのライフル銃の生産をうながした。サミュエル・コルトがデザインした「ネービー型36口径回転式ピストル」(1851)も同じだ。

そうしたものづくりの変化と連動するように、1851年のロンドンでの大英博覧会をはじめとして「時代の商品」を展示する博覧会がヨーロッパの大都市で開催された。それは、商品の持つ市場での魅力、交換価値を高めるものであった。また、アメリカ的生産方法が広く知られるようになったのも万国博覧会によってであった。

さらには、新たな消費空間としての「パ

THIS IS THE PICTURE OF THE OLD HOUSE BY THE THAMES TO WHICH THE PEOPLE OF THIS STORY WENT. HEREAFTER FOLLOWS THE BOOK IT-SELF WHICH IS CALLED NEWS FROM NOWHERE OR AN EPOCH OF REST & IS WRITTEN BY WILLIAM MORRIS.

NEWS FROM NOWHERE OR AN EPOCH OF REST.
CHAPTER I. DISCUSSION AND BED.

UP at the League, says a friend, there had been one night a brisk conversational discussion, as to what would happen on the Morrow of the Revolution, finally shading off into a vigorous statement by various friends, of their views on the future of the fully-developed new society.

SAYS our friend: Considering the subject, the discussion was good-tempered; for those present, being used to public meetings & after-lecture debates, if they did not listen to each other's opinions, which could scarcely be expected of them, at all events did not always attempt to speak all together, as is the custom of people in ordinary polite society when conversing

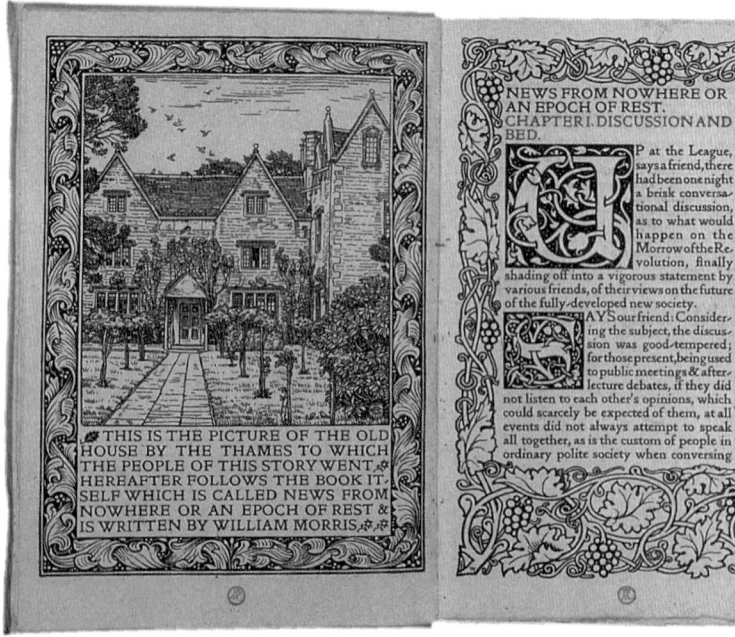

★1-1 ウィリアム・モリス『ユートピアだより』1892

★1-2 ウィリアム・モリス 壁紙「Vine」1872

サージュ」(アーケード)や百貨店が出現(パリのボン・マルシェは1852年、ニューヨークのメイシーズは58年に開店)し、それまでとは異なる消費のスタイルが広がっていった。従来、店舗に足を踏み入れることは、そこで何かを購入することを前提としていた。しかし、パサージュや百貨店では、商品を購入しなくともよく、いわゆる「ウィンドーショッピング」という行為が生まれた。その結果、目もあやな商品(製品)や、商業空間がデザインされることになる。

思想家のヴァルター・ベンヤミンが指摘しているように、こうした消費空間の出現とともに、それまでの告知などとは異なった「広告」が広がっていった。

アメリカでは、鉄道の輸送技術と電信技術によって、シアーズ・ローバック社(1886年創立)などの通信販売システムが生まれた。これによって市場の概念は大きく変化した。それまで、市場は物理的な空間を持った場所であった。しかし、印刷物、そしてカタログというグラフィックなメディアが、市場となりえることを通信販売のシステムの登場は示していた。

この時代に出現した機械技術を背景にして生み出される商業主義的なデザインの表現は、必ずしも技術的な必然性を持つものではなかった。機械的生産工程によっていながら、多くが慣習的な装飾を使っており、つまり「デザイン」と「生産工程」が乖離していた。この分裂状態に疑問を感じ、かつてのギルドにおける「ものづくり」の一貫性と総合性を、新しい形で取り戻そうとする動きが出てくる。イギリスのウィリアム・モリスは、総合的な生活様式を目指すデザインを自ら実践する。それはアーツ・アンド・クラフツ運動として英国内外に広がっていった。

1850年代→1880年代

年	出来事（展覧会／グループ／都市）	作品（デザイン／建築／出版）	社会
1851年	ロンドン万国博覧会	J.パクストン「クリスタル・パレス」(英)	
1852年	ボン・マルシェ百貨店開店(仏)	「パリ・東駅」	フランス 第2帝政成立
1853年	ニューヨーク万国博覧会 G.E.オスマンのパリ大改造始まる		クリミア戦争
1854年		「ロンドン・パディントン駅」	
1855年	パリ万国博覧会		
1857年	サウス・ケンジントン博物館設立(英)		
1859年			ダーウィン『種の起源』
1860年		B.ウッドワード「オックスフォード大学博物館」(英) P.ウェッブ＋W.モリス「赤い家」(英)	
1861年	「モリス・マーシャル・フォークナー商会」設立(英)		南北戦争(米) イタリア統一
1863年	ロンドン地下鉄開通		
1865年		「パリ・北駅」	
1866年		V.バルタール「パリ・中央市場」	普墺戦争
1867年	パリ万国博覧会		
1868年			明治維新
1869年			スエズ運河完成
1870年			普仏戦争
1871年			パリ・コミューン争乱 ドイツ帝国成立
1873年	ウィーン万国博覧会		
1874年	パリで第1回印象派展		
1875年		H.ラブルースト「フランス国立図書館」 「ロンドン・リバプール・ストリート駅」	
1876年	フィラデルフィア万国博覧会(米)	「ロンドン・セント・パンクラス駅」	ベル、電話機発明
1877年	第1回内国勧業博覧会(日)	J.M.ホイッスラー「孔雀の間（レイランド邸）」(米)	
1878年	パリ万国博覧会 フェノロサ来日		
1879年			エジソン白熱電球発明

クロニクル………………デザイン編　　chronicle

デザイン事始め、「大英博覧会」と「赤い家」

博覧会から生まれた
デザインミュージアム

　1851年、ロンドンのハイド・パークで開催された大英博覧会「The Great Exhibition of the Works of Industry of All Nations」は、イギリスが機械技術を背景にして、最も早い時期に進展した産業国であることを、世界に向かって示すことを目的のひとつにしていた。また、世界の国々の産業の成果物を展示しようとするものでもあった。

　こうした博覧会は、世界を「ものの集合」としてカタログ化して見せるものであった。言い換えれば、それは世界を情報化してひとつの場所に集めて展示することでもあった

といえる。つまり、万博は技術と情報のカタログ化を図る「帝国主義的な戦略」のひとつの現れであった。

　そして、このロンドンの万国博覧会は、世界で最初のデザインミュージアムの設立の基礎にもなった。

　ロンドンのケンジントン地区に位置する「ビクトリア・アンド・アルバート博物館（V&A）」は、世界に先駆けたデザインミュージアムとされている。万国博覧会のために集められた品々と国立デザイン学校のコレクションを基礎に、翌52年、デザインを学ぶ学生への刺激を目的としてロンドンのパルマルのマールボロ・ハウスに、製造品のミュージアム「産業博物館」が設立され

✤1-3　ジョン・タリス「クリスタル・パレスでの閉会式」1851

た。1857年になって、文化施設建設用地として指定されたやはりロンドンのサウス・ケンジントンに「装飾美術館」として移され、それが現在のV&Aとなった。本館となっている建物は、1899年、アストン・ウェッブの設計で着工されたもので、呼称は、ビクトリア女王の亡夫アルバート公を記念して「ビクトリア・アンド・アルバート美術館」と改められた。その後、ヨーロッパ各地にデザインミュージアムがつくられるが、V&Aがモデルとされた。

産業博物館は当初、デザインを学ぶ学生を対象にしていたが、のちのV&Aでは、産業家、デザイナー、デザインを学ぶひと、そして生活者にデザインを啓蒙することを目的とした。専門家と同時に市民に向けて

❖コラム1❖ 博覧会

1851年5月から約半年の会期で開催された「ロンドン万博」は604万人の入場者を集め、15万ポンドの収益をあげて、今日に続くデザインの殿堂「ビクトリア・アンド・アルバート博物館」の整備につながった。ロンドンがデザインの中心都市となり得たのは、この万博の成功に多くを負っている。

続いて1855年にパリ、62年に再びロンドン、67年のパリを挟んで73年にはウィーンを開催地に、万博はヨーロッパの大都市を巡回していった。

博覧会こそが近代大都市の「紋章」となった。1889年のパリ万博の際に「エッフェル塔」が建設され、1900年の同じくパリ万博では、出入り口をアール・ヌーボーで彩る地下鉄が開業した。博覧会は自国の工業製品を海外の買い付け者に提示する最大の機会となり、一般の来訪者はそれまで目にすることのなかった他国の文化や風物に接することができた。

工業製品は国際市場を意識して表現に磨きをかけ、デザインは工業製品を売り込みたい国家にとって、必須事項となった。パリは、89年の博覧会で3,230万人を集め、1900年には5,000万人台に載せた。その1900年博をピークとするアール・ヌーボーの爆発的な流行、そして、さほどの時を置かずしての終焉は、博覧会がデザインを媒介するとともに、急速に消費してしまうメディアであったことを物語っている。

✤1-4 1900年パリ万国博覧会場として建設されたグランパレ

✣1-5 アストン・ウェッブ「ヴィクトリア・アンド・アルバート博物館」1909

✣コラム2✣ トーネット

　1851年に開催されたロンドンの万国博覧会に、ミヒャエル・トーネットは自身の工房で製作した「曲げ木椅子」を出展した。すでにオーストリア国内で評判を得ていたトーネットの曲げ木椅子は、この世界最初の万国博覧会という好機を逃さず、オーストリアに多大な利益をもたらす「輸出商品」として生産を拡大していった。

　もとはドイツ領ラインラントを拠点に活動していたトーネットを見いだしたのは、オーストリアの宰相メッテルニヒだった。地元の産品会で、曲げ木を駆使した家具やステッキを目に留めた。メッテルニヒは政治的には反動体制の推進者として悪名高いが、トーネットをウィーンに招き、特権を与えて活動を保証し、曲げ木椅子を同国の一大産品に育て上げた。当時の為政者の工業生産品への洞察力の高さを物語る成功譚である。

　木材を熱と蒸気で曲げる技術の開発こそトーネットの功績で、これによって彼は安価で幅広い市民層が入手可能な曲げ木椅子をつくり上げた。そして、その素材の特性を生かして決められた、いわば「骨と皮」の軽量な形態は、のちに多くのモダニストたちから支持される機能・合理主義を満たす即物感を体現していた。

　装飾を犯罪とまで指弾したアドルフ・ロースがウィーンで手がけた「カフェ・ムゼウム」の店内に採用され、さらにはバウハウスやル・コルビュジエも、トーネットで家具を商品化した。デザイン黎明期に始まり、今日なおベストセラーとして生きつづけるトーネットの物語の息は長い。

✣1-6 トーネットの曲げ木椅子「No.14」1859

第1章 クリスタル・パレスからアーツ・アンド・クラフツへ

デザイン事始め、「大英博覧会」と「赤い家」

のデザインの教育的施設と位置づけられたのである。

なお現在そのコレクションと展示の方法は、各時代、各地域別で分類されており、作品の「鑑賞」と同時に、「閲覧」のための展示がある。「閲覧」形式の展示は、デザインの百科全書的な知の展示といえよう。

よき趣味による総合芸術：ウィリアム・モリス

19世紀、それまでの手工業による製造に代わって機械が導入された。大英博覧会に出品された展示物の多くは、機械によるものであった。

しかし、機械による製造(生産)であるにもかかわらず、それまでの手工芸的な装飾を外観にまとったものがほとんで、製造方式とデザインが乖離していた。機械によって製造されながらも、過去の歴史的なさまざまな装飾様式を引用した日用品のデザインが博覧会場では主力だった。

他方では、産業ブルジョアジーの台頭で、それまでの生活に関わる社会的規範が崩れていった。つまり職業や階層に結びつけられていた生活様式の規範が崩れることで、生活様式に関わるデザインの統一性が希薄になった。

生産方式とデザインの乖離、あるいは生活に関わるデザインの統一性が希薄になっている状況を、いわば「混乱」であるとして、

♣1-7 ウィリアム・モリス 1834-96

♣1-8 フィリップ・ウェッブ「赤い家」1860

批判的な立場からデザインの統一性・総合性（総合芸術）を提案したのが、ウィリアム・モリス(1834-1896)だった。生産システムや生活の規範の変化で生じた日用品のデザインは、ひとびとの感覚や思考に影響を与える。家具をはじめ、さまざまな日用品のデザインは、わたしたちの日常生活のあり方、あるいは感覚や思考に深く関わり、少なからずそれを変化させるほどの力を持っているからだ。そのことをはっきりと認識し、モリスは、デザインによってひとびとの生活そして趣味を変革させようとしたのである。彼はデザインを、いわば「生活世界と関わった思想」の問題としてとらえ、ものづくり、デザインを実践した。

具体的には、かつて統一性を持っていたゴシックの時代に見習い、中世的なものづくりとデザインを基本とした。ひとびとの生活をデザイン（よき趣味）によって変革することを目指す一方で、機械を背景にした産業社会では、ものづくりにおける人間の有機的な関係（共同体）や総合性が失われたことにも目を向けた。そして、中世のギルドのような共同体で結ばれたひとびとの手による総合的なものづくりを目指そうとした。このモリスの視点は「アーツ・アンド・クラフツ」運動として広がっていくことになる。

赤い家

フィリップ・ウェッブの設計でロンドン郊外のベックスリー・ヒースに、モリスと妻のジェーンの新居として1860年に建てられた住宅「赤い家」はモリスの活動の発端となった。建物は中世的なデザインになっており、室内に置かれるテーブル、ベッド、椅子、テーブルウエア、じゅうたん、壁紙、タペストリーなどあらゆる日用品はすべてウェッブ、モリス、そして、エドワード・

✤1-9 エドワード・バーン＝ジョーンズ
ステンドグラス「ミリアム」1872

◆コラム3◆ ラファエル前派

ウィリアム・モリスがデザインに目覚めたとき、その傍らには長く生涯の併走者となる「ラファエル前派」の姿があった。当時の英国の絵画アカデミーがイタリア・ルネサンスの巨匠ラファエロを手放しで賛美する状況に反発して、ダンテ・ゲイブリエル・ロセッティらが結成したこのグループの呼称は、そのラファエロ以前の時代に戻ろうという呼びかけだった。

実際には、自国英国のシェークスピアをはじめとする土着的な物語を題材とすることで、旧来からの歴史画、宗教画と一線を画し、独自の情緒的かつ懐古的な雰囲気を漂わせた。ロセッティは、モリス夫人のジェーンに恋慕の情を抱き、彼らは不可思議な日常を送りながら、「赤い家」から「モリス商会」創設、「ケルムスコット・プレス」での出版などの、多彩な活動を展開する。

ジョン・ラスキンもラファエル前派と気脈を通じ、また、19世紀後半の英国画壇の指導者だったフレデリック・レイトン（彼は自邸をアラビア風に仕立てた）も、この反体制グループの支持者であった。工業主義とデザインの母国でありながら、19世紀英国は機能・合理主義一辺倒ではなく、モリスやラスキンがそうであったようにゴシックへの思慕を絶ち難く、懐古の雰囲気も色濃かった。デザイン事始めと交錯したラファエル前派は、そうした時代風潮が生んだ、半ば体制公認の鬼っ子だった。

✦1-10 ダンテ・ゲイブリエル・ロセッティ「プロセルピナ」1877

バーン＝ジョーンズらモリスの友人たちの手でデザインされた。この体験を契機に、1861年、モリスは「モリス・マーシャル・フォークナー商会」を設立することになる。モリスは「赤い家」で実践したことを、自分たちの生活のなかだけにとどめることなく、事業としてより広く社会化していこうとした。つまり、「赤い家」のデザインに関わったひとびとを中心に、仲間たちで生活用品をデザインして、それを市場に送り出したのである。

商会のメンバーは、モリスを中心に、バーン＝ジョーンズ、ウェッブ、そして数学者のチャールズ・フォークナー、ラファエル前派の画家ダンテ・ゲイブリエル・ロセッティ、マドックス・ブラウン、ピーター・ポール・マーシャルの7人であった。資金のほとんどはモリスが出した。

結局、数年のうちに、商会の運営はモリス中心で行わざるをえなくなった。1875年、いったん「モリス・マーシャル・フォークナー商会」は解散し、新たに「モリス商会」として運営していくことになる。商会でつくられた製品は、やはり中世趣味のデ

ザインが多かった。

　商会の設立にあたってつくられた趣意書の中に、モリスのデザインに対する基本的な考え方が反映されている。

　まず、住居から公共の建物に至るまでの、室内で用いられるあらゆる家具調度品をアーティストの手によって、あるいはアーティストの監督のもとにつくるべきであるとしている。このことは、モリスが家具調度品までを含めたすべての生活環境を、芸術と分離しえないものととらえていたことを示している。ひと言でいえば、「総合芸術」として、デザインを考えようとしていた。その考え方は、芸術と社会、そして生活の統合という近代のアバンギャルドが描いたユートピアの夢と重なる。

書物の空間

　モリスはタペストリーや壁紙、タイルなどさまざまなものをデザインしたが、なかでも彼自身が強い思い入れを持っていたのは、住まいと書物であった。詩人であり小説家でもあったモリスは、とりわけ書物のデザインには力を注いだ。

　モリスは、1888年、書物のデザインを手がけるエマリー・ウォーカーとの出会いを契機に、自ら書物のデザインを実践した。この年から1890年にかけて、彼は、ニコラ・ジャンソンが15世紀にデザインしたヴェネツィアン・ローマン体のタイプフェイスを基礎にして、活字デザインを手がけ「ゴールデン体」とした。1891年、彼はロンドン南郊のハマースミスにケルムスコット・プレスと命名した印刷・造本の工房を

✤1-11　ウィリアム・モリス（活字・装飾）　エドワード・バーン=ジョーンズ（挿絵）
『チョーサー著作集』より巻頭見開きページ　1896

✤1-12 ウィリアム・モリス 壁紙「果実あるいは柘榴」 1866

✦1-13 ウィリアム・モリス トロイ体

設立する。そのケルムスコット・プレスの最初の刊行物として、自著『輝く平原の物語』が制作された。1894年には、ウォルター・クレインの挿絵を入れた第2版がつくられ、書体はゴシック体を参考にしてデザインされた「トロイ体」が使われた。1896年には『チョーサー著作集』が刊行される。この書物には、トロイ体を小さくした「チョーサー体」、バーン＝ジョーンズの挿絵、そしてモリス自身のデザインしたボーダー、文頭の頭文字などが使われた。425部の紙製、13部のヴェラム革製がつくられた。この書物の制作の後、モリスは亡くなった。

モリスは、文字のデザインからはじまり、ページの構成、そして一冊の書物に至るまで一貫して、彼の趣味を反映させた。文字はいわば煉瓦ブロックであり、それを積み重ねることでページが構成され、やがて章立てがつくられ、そして一冊の書物に至る。モリスにとって、書物は建築物のように考えられた。書物は空間であり、あるいは宇宙として存在した。

伝統的な工芸から産業工芸：クリストファー・ドレッサー

ウィリアム・モリスと同時代に、それま

✦1-14 ウィリアム・ド・モーガンの「タイルのパネル」

でとは異なる新たなデザインを、モリスとは別の考え方で実践したデザイナーにクリストファー・ドレッサー(1834-1904)がいる。彼はモリスと同年の1834年にスコットランドのグラスゴーで生まれている。

ドレッサーも、同時代のデザイナーの多くがかつての歴史様式による装飾をそのまま使うなかで、新しいデザインを生み出していった。しかし、モリスとは異なって機械生産を受け入れ、機能に目を向け、また的確な装飾を使い、デザインの商業的な実践を展開した。ドレッサーは自らを「商業的デザイナー」と称していた。ドレッサーは「機械生産のための専門的な訓練を受けた最初のデザイナーのひとりであり、ヨーロッパにおける最初の工業デザイナーといえるかもしれない」と評されている[1]。

彼は、ロンドンのスクール・オブ・デザインを卒業し、翌1855年に同校の教員となる。その後、ドイツのイェーナ大学で植物学博士号を取得している。『植物学の基礎』など植物学に関する著作を著し、ロンドン大学の教授の職を望んでいたがかなわず、結局、デザインに専念する。それには、メーカーからの依頼が多くなったことも要因になっていた。

ドレッサーは、師である工芸家オーウェン・ジョーンズから影響を受けていた。ジョーンズは自然形態の構造や歴史的様式の研究を基礎としていた。一方、ドレッサーは植物学を学び、自然形態の構造原理を分析し、歴史様式的な方法を否定することで、ジョーンズの考え方を進化させた。

彼は、ミントン社でトルコブルーの陶器のデザインを手がけ、またウェッジウッドほか数々の製陶会社の製品をデザインしている。そして何よりも、バーミンガムのヒューキン・アンド・ヒース社やシェッツフィールドのジェームズ・ディクソン・アンド・サンズ社、エルキントン社での金属製品では、それまであまり見られない幾何学的なデザインや日本風のデザインを実現した。

ドレッサーは、日本にも興味を持ち、1862年のロンドン万博に出品されたオールコック卿所蔵の日本の工芸品の中から80点を自らスケッチし、一部を購入した。そして、1876年から77年にかけて来日、さらに、1879年、チャールズ・ホームズと一緒に輸入会社「ドレッサー&ホームズ」をロンドンに設立し、同時に横浜と神戸に日本支店としてホーム商社を設立している。

日本では、明治期にデザイン(装飾図案)の方法が、教育機関で紹介された。新たなデザインの方法として重視されたのは、「便化」だった。「便化」は、英語のconventionの日本語訳であり、「定型化」(形式化)ということである。動植物にはそれぞれの個体の違いがあるが、それを描写によってとらえ、さらに定型化する、つまり抽象化することで図案(デザイン)になるとするものであった。

1909(明治42)年に小室信蔵が『一般図按法』という図案(図按・デザイン)の教科書を著しているが、この書名では「図案」ではなく「図按」という表記が使われている。デザインとは「按」ずる、つまり「手」を使って「案ずる」(考える)という意味を込めてのことだ。この『一般図按法』には、「便化法」(conventional treatment)として、ドレッサーの言葉を紹介している。それによれば、草木はそのままでも薬として効能があるのだが、それを純粋化することで薬効はより強くなる。同様に、描写したものを図案化したものは、美観をより強化するとの考えである。

アメリカ的生産様式

イギリスでのデザインの展開とは別に、

アメリカでは、20世紀を支配することになる「量産システム」が早くも19世紀から実践されていた。

今日わたしたちが使っている工業製品のほとんどは量産品であり、部品の交換が可能だ。ボルトやネジ、パイプや板状の部品など破損した部品は交換ができるようになっている。この交換可能性は、製品そのものではなく、それを製造する際に使われるひな形（ジグ）やサイズの計測に用いるさまざまな道具によっている。そうした道具を、わたしたちが直接目にすることはあまりない。しかし、日用品の背後にはそうした普段は見かけない「もうひとつの日用品」が存在しているのである。

日用品の部品の互換性を、いち早く実現した道具は、日本人にとっては日用品とは言いがたい「銃」という工業製品である。部品に互換性を持たせ、大量に生産するシステムを、当初、ヨーロッパではアメリカン・システムと呼んでいた。このシステムは、「綿繰り機」（コットンジン）を発明し1794年に特許を得たイーライ・ホイットニーによるとされる。ホイットニーは、それまで扱いにくかった短綿の綿花から殻を取り除く綿繰り機を開発し、アメリカにおいて綿花の大量生産を実現した。この綿繰り機は、スミソニアン博物館にアメリカの産業システムを示す記念碑的道具として展示されている。

1798年、ホイットニーは、マスケット銃を2年間で1万丁調達する量産計画をアメリカ政府に提案した。もっとも、部品の規格化によるライフル銃の量産を実現したのはジョン・ハンコック・ホールであった。ホールは、国の兵器製造機関ハーパーズ・フェリーに、自ら考案した規格化のシステムを導入した。彼は1811年に、自分がつくった規格化のための道具に特許を取ろうとした。

しかし、査察委員会はそうしたホールの態度とそのシステムに疑義を抱いて調査に乗り出した。ホールは1828年、さまざまな工場から集めた100丁の銃を分解し、無作為に各部品を選び鉄砲を再構成して見せた。

彼は均一な鉄製部品を製造できる精密なゲージを作製していたのだった。これは、

✤1-15 イーライ・ホイットニー「綿繰り機」

各部品に対する作業を、「ベアリング」と呼ぶ、ひとつの点から始める方法であった。結局、査察した委員会は、彼の機械はいかなるほかの機械と異なり、見たことのないものだと報告した。ホールのこの部品製作システムは、やがてアメリカにおける工業製品生産の基礎となった。互換性のある部品のデザインが大量生産を可能にしたのである。

　19世紀に産業先進国であったイギリスは、生産とデザインに目を向け、それまでにない新しいデザイナーを出現させた。他方、アメリカでは製品を大量に生産する互換性を持ったシステムがデザインされていたのである。

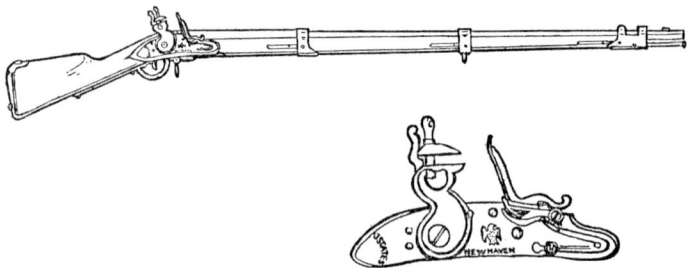

✤1-16　イーライ・ホイットニー「マスケット銃」

クロニクル 建築編　chronicle

「個」と「メトロポリス」を読み解く複線の史観

茫漠たる近代の空間

　直線にして1kmあまり。都市的スケールにすれば、さほどの長さでもないはずだが、そこに立つと気の遠くなるほどの景観に思えてくる。パリの「リボリ通り」(1811年、設計＝シャルル・ペルシエ、ピエール・フォンテーヌ)。コンコルド広場からパレ・ロワイヤル前の広場を越えて、街路に面したアーチの列がどこまで続くのかとあきれるばかりに延びていく。巨大構造を見慣れた現代人の目にも、途方もない規模に映る。ましてや、完成した当時19世紀初頭のパリのひとたちは、リボリ通り建設を実行に移した「皇帝」の強権に舌を巻いたに違いない。

　皇帝とは大ナポレオン。フランス革命(1789)の後のフランス国内の混乱を収拾し、ヨーロッパ各国を撃破して皇帝の座に就いた。ルーブル宮に沿って東西に延びる「リボリ通り」は、ナポレオンによって、アーチが連続する遠大な都市街路への変貌に着手されたのである。

　この冷厳で荘厳な建築のスタイルを「アンピール様式」と呼ぶ。フランス語のアンピールは、英語のエンパイア、つまり帝国である。地中海の古典様式を範とする「新古典主義」のひとつだ。権力を一身に集めたナポレオンは、フランスの愛国心を高揚させるために、パリを荘厳な帝国様式で仕

＊1-17 シャルル・ペルシェ、ピエール・フォンテーヌ 「リボリ通り」 1811

立てようとした。

　このリボリ通りに面したアンピール様式の建築の間口は、一番広いもので150m近くに達している。街路で区切られた区画(タウンブロック)をひとつの建物が占有する形式も手伝い、都市の街頭に「冷厳な美観」が出現した。

　ほぼ南を向いているため、輝く陽光のもと、白っぽい石の建築の地上階に、アーチが無際限に連続する様子はどこか空疎さも伴っている。スケールアウト。つまり、人間が感知できる尺度を超えた茫漠の域に到達している。この「茫漠さ」こそ、近代建築が生まれ落ちた当座から宿命的に背負う感覚なのである。

　フランス革命の11年前に亡くなったイ

＊1-18 ジョバンニ・バッティスタ・ピラネージ「牢獄」(7)跳橋

◆コラム4◆ 空想建築家

　1789年のフランス革命は、近代の始まりを告げる大事件であった。そして、この激動の時期に、フランスには「空想建築家」と呼ばれるひとびとが登場した。彼らは、それまでなかった建築像を提起して、後世の史家たちを刮目させた。

　エチエンヌ＝ルイ・ブレ(1728-1799)とクロード＝ニコラ・ルドゥー(1736-1806)は、いずれも「王党派」と呼ばれる革命によって倒された旧体制の側の建築家であった。彼らは革命によって、作品の発注主としてのパトロン層を失い、いわば閑居のなかで、想像力を駆使して、幾何学の極限というべき空想案を残した。

　ブレの「王立図書館計画」(1785)は、革命に先立つ提案だが、長大な蒲鉾形のヴォールト天井の下、両側の壁にどこまでも続く書棚を配して、「知」が国家の盛衰を左右する時代の到来を宣言した。書架が壁を埋めつくす姿は、のちにアンリ・ラブルーストが実現した「フランス国立図書館(BN)」の閲覧室を彷彿とさせる。また、ブレは「ニュートン記念堂」においては、巨大な球体の内側に昼夜で展示の変化する「宇宙」の演出を盛り込んだ。

　ルドゥーは、「ショーの製塩工場」や「パリの市税門」などの作品が実現を見たが、前者の未完案として、完全な球体の「農地管理人の家」などを描き残して、幾何立体の先駆者として史上に名をとどめた。

　革命によって国王夫妻が断頭台で平民の眼前で公開処刑された同時代、すでに装飾が飾りたてるべき「世俗的な権威」は失われ、2人は幾何立体に「宇宙の不変の真理」を託したのである。それを20世紀のモダニズムと直接的に重ね合わせる見方は、相応な説得力を有している。

＊1-19 クロード＝ニコラ・ルドゥー「ラ・ヴィレットの市門」1784-89

❖コラム5❖ パサージュと百貨店

19世紀の前半、パリじゅうに広がったガラスの天蓋を持つ通り抜けの商店街「パサージュ」こそが、近代都市における消費の気分の幕開けを告げた施設である。オペラ座の界隈から始まったとされ、二つの建物の隙間にガラスの屋根を架けて、通行者の利便にも供した消費の空間であった。

さほど広くない通路の両側には、ガラスのショーウィンドーがつらなり、そこに展示された商品が遊歩者の物欲をかきたてた。パリの北駅、東駅一帯などの密集した街区のそこかしこに設けられたパサージュは、全部を合わせれば2km近くも伝い歩きできるほどの規模に達し、なかにはエジプト風のエキゾチックな意匠を施すものもあり、来訪者を集めた。

百貨店も1850年代の「ボン・マルシェ」を起源とし、万人向けの消費空間として定着した。そこでは正価販売、季節持ち越し品の割引など、大衆を意識した商法が展開された。建物内部も、演劇的な演出の大階段や、19世紀末以降の「ギャラリー・ラファイエット」などではアール・ヌーボーの気分を満喫させるガラスの円形天蓋が吹き抜けを飾りたてるなどの空間演出が凝らされた。直接、買い物のあてのないひとびともそこに集めて、楽しませようとしたのである。

工業の時代、多くの産品が流れ込んだ都市に

＊1-20「パサージュ・デュ・プラド」1925

おいて、消費の施設の新たな展開は、より幅広い購買層を獲得するためにも不可欠だったのである。

タリアの版画家・建築家ジョバンニ・バッティスタ・ピラネージが手がけた連作の版画「牢獄」のスケールアウトした空間感覚は、18〜19世紀の都市の爆発的な膨張のなかへ個人が投げ出されたときの不安感の先取りだったと解釈されている。ほの暗くおどろおどろしいピラネージの版画と、美しくも明るく冷厳なリボリのアーチは、表層では対照的な表現の世界を追求しながら、根底で個人の自我が埋没してしまう不安感という共通項を有している。

この空疎な感覚は、フランス革命期に王党派ゆえに創作の場を失い、メガロマニア（誇大妄想）の色濃い、巨大な幾何立体の建築や都市の夢想にふけった「空想建築家」の思考にもつながっている。ルドゥーやブレ、ラクーらの現実の社会の規模を無視した、幾何立体を志向する超巨大建築案は、20世紀のモダン・デザインのひとつのひな型とも位置づけられる。

その是非はともかく、「3つの事象」の連関に注目したい。

まず、ローマに旅行したフランスの若い芸術家たちが、ピラネージのローマの廃墟を題材にした版画をこぞって買い求めて（ピラネージは、みやげ物としての版画の販売を生業とした）、パリに持ち帰ったがために、ピラネージの描き出した荒涼たる世界が、多大な影響力を持ったという史実。

次いで、空想建築家たちが革命からナポ

＊1-21 オスマンが整備したオペラ通り

レオン登場に至る激動のなかで、王党派という、革命が打破した既得権側の勢力に属していたこと。

さらに、王党派を追放した対極の政治的立場にあったはずの「アンピール」がリボリ通りを実現したこと。

この3つの事象は絡み合い、革命期から19世紀半ばに至る過程で、リボリ通りの茫漠たる空間感覚こそが、近代の都市・建築空間の到来を予言し、先取りしていたという結論に収束していく。そのリボリ通りが採った新古典主義こそが、近現代の為政者やそれに寄り添う表現者たちを刺激し、時には暴走させる引き金を引くことになる。思えば、無装飾のモダン・デザインが表現の手を縛ったなかで帰依した最大の美の価値観が、古典の比例調和美だったわけだから、リボリ通りに立ちあったときに抱く、ある種のおぞましさを伴った寂寥感は、まさしく近代の空間感覚の最初の実現例だったということになるだろう。

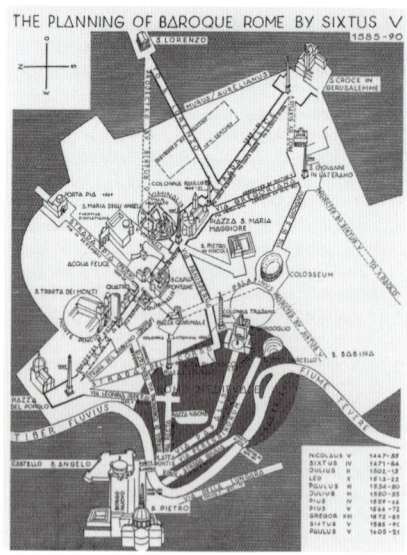

＊1-22 シクストゥス5世「バロック・ローマの計画」

パリが次に都市的に大きな動きをとったのは、1852年に大ナポレオンの甥、ナポレオン3世が第二帝政を打ち立てたときだった。セーヌ県知事ジョルジュ・オスマンによる円形広場と放射状のブールバール（大通り）からなる模擬バロック都市の構築は、近代パリの最大の催事だった。またしてもそれは「ナポレオン」の仕業だったのだ。

バロック都市を目指しながら、本家のローマとはスケール感が違いすぎる遠大な空間感覚。円形広場から伸びる大通りの向こうに次の円形広場があるはずだが、あまりに遠くて確かめられる距離にはない。大通りの街路幅は、個人の遊歩が基準ではなく、革命騒ぎが起きたときに軍隊を急行させ、同時に反体制派がバリケードを築きにくくする治安上の実利的な目的から設定された。それもまた茫漠たる感覚にとらわれる所以である。

そこに一個人が身を置くときの「疎外感」こそが、20世紀の芸術表現の最大の主題となった。近代の幕開けとは、調和的な世界が崩壊して市民革命や新たな工業主義の価値観が社会を覆いつくしたなか、自我の確立を求められた個人がそこで右往左往させられる時代の始まりそのものだった。

近代建築はそのような土壌のもとに開花していくのであった。

技術が拓く大空間

1851年のロンドン万博に登場した「クリスタル・パレス」の規模をあらためて確認すると、誰もがその巨大さに驚くに違いない。正面から見ると水平に広がる建築の幅にあたる長辺は560mもあり、奥行きの短辺も120mに達していた。高さは万博会場となったハイド・パークの既存のニレの木を屋内に取り込んで残す目的もあり、最頂部は40mにも達していた。

その大建築のすべてが、鉄骨の柱と梁による架構と、窓というよりは壁として建物

*1-23 ジョセフ・パクストン「クリスタル・パレス」1851

全体にはめ込まれたガラスによって構成されたのである。設計者ジョセフ・パクストンは技術者であり、古典学習などの学術的な建築教育は受けていなかった。その彼ならばこそ、工業技術を駆使してそれまでのヨーロッパの石造や煉瓦造の建築では不可能な大空間を実現したのであった。透過性の高い開放的な空間のイメージは、その後、150年以上にわたって現在まで持続する近代建築の「祖形」と見なしうるものだ。

パクストンは、ユニット化した部材を組み上げる構法を採用し、バーミンガムとロンドン市内の別のところの工場で生産した部品を、ハイド・パークの現場に持ち込んだ。屋根部分の構造体を吊るして持ち上げる作業は一種のイベントとなり、ロンドンの新聞を賑わせた。見たことのなかった空間だけではなく、技術がそれをつくり出す過程も、近代の空間のお披露目に供したわけだ。

「クリスタル・パレス」は、万博後はロンドン南郊のシドナムに移築され、見せ物小屋となったが、1936年に焼失してしまい、わたしたちはその空間を確かめることはできない。一説には、保険金目当ての所有者の放火だったともいわれる。つまり、20世紀になっても持て余すほどの大空間だったのである。リボリ通りの全長1km余と比べても、単体の建築としては、異様という表現を使ってもよいほど大規模であり、そこに立ち合った万博の来訪者は、茫漠たる近代を体感したと想像される。

❖コラム6❖ モードの街路

都市に多くの人口が流入する時代を迎えて、街路の果たす役割は大きく変化した。19世紀半ば以降になると、パリではオスマン男爵によって円形広場と放射状の街路のネットワークからなる都市軸線を骨格とする街区が整備され、ウィーンでは防御土塁の跡地が幅の広い環状道路に変わり、旧市街地と周縁が一体化された。それらは、軍事的な必要、たとえば革命騒ぎの際に安易にバリケードを築かせない、あるいは、多人数の鎮圧軍を現場に急行させるなどの「必要を生みの親」とした。それはそれとして実際には新たな都市骨格に相当する街路を、遊歩するひとびとが登場して、モード、ファッションが開花した。

エドゥアール・マネの「バルコン」に登場する着飾った男女は、いずれも足下のパリのブールバールを闊歩する遊歩者の視線を意識したものと解釈されている。それまでの社会階層も空間としても閉鎖的な社交界とは異なる、都市というステージを意識したモードの出現である。

1930年代ウィーンでは、労働者向けの大規模集合住宅のキャッチフレーズに「プロレタリアートのリンクシュトラーセ」というのがあった。リンクシュトラーセは、防御土塁あとの環状道路であり、それに「無産者」という冠をかぶせた宣伝文句である。その前提に、リンクシュトラーセこそ、余裕のある新興階級の「見せる＝見られる」の視線を意識したファッションストリートだったという認識が存在していたことが読み取れよう。

＊1-24 エドゥアール・マネ「バルコン」1869

*1-25 チャールズ・ファウラー「サイオン・ハウスの温室」1827

　すでに「クリスタル・パレス」以前に、ロンドンでは、いずれもチャールズ・ファウラーによる「サイオン・ハウスの温室」(1827)、「コベント・ガーデン・マーケット」(1831)、リチャード・ターナーらによる王立植物園キュー・ガーデンのシュロ栽培の温室「パーム・ハウス」(1848)などの、ガラスの皮膜を持つ鉄骨構造の建築が出現していた。ただ巨大さでは「クリスタル・パレス」に遠く及ばなかった。代わって大スケールを担ったのは、ヨーロッパの主要な大都市に出現した鉄道駅舎の建築だった。

　ロンドンでは、クリスタル・パレスに続いて「パディントン駅」(1854)が登場し、1870年代になると「リバプール・ストリート駅」(1875)、「セント・パンクラス駅」(1876)が完成する。パリでは、「東駅」(1852)、「北駅」(1865)、「サン・ラザール駅」(1889)が相次いで登場する。19世紀後半に繰り返し開催された万国博覧会にやって来る観光客の受け入れが、駅を巨大空間に仕立てさせた。

　こうした一連の駅舎建築のなかでひときわ、大空間を認識させるのは、ロンドンの「セント・パンクラス駅」だ。ゴシック・リバイバルの正面外観には尖塔が10本以上も林立する。ホテルが組み込まれた大建築は、列車が発着するプラットホームを覆う蒲鉾形の天蓋の美しく装われた大空間で魅了する。この部分だけでも、長さ200mに達し、間口も70m近い。旅行者向けのバーなどがホームに近年追加された現状でさえ大空間に圧倒されるから、付帯施設がそれほどでもなかった建設当初は、もっと茫漠たる印象を与えたであろう。そこには外装の華麗なゴシックは影もなく、ただ鉄骨とガラスだけが空間の構成要素となっている。鉄骨が絡み合いながら延びていく屋根を見上げていると、目眩を覚えるほどで、さながらクリスタル・パレスの空間感覚を代替え体験できる。

　列車の乗り降りという実利的な目的を共

1850年代→1880年代

＊1-26 チャールズ・ファウラー
「コベント・ガーデン・マーケット」1831

＊1-27 リチャード・ターナー、デシマス・バートン
「キュー・ガーデンのパーム・ハウス」1848

＊1-28 イサムバード・ブルーネルほか
「ロンドン・パディントン駅」1854

＊1-29 エドワード・ウィルソン
「リバプール・ストリート駅」1875

＊1-30
ジョージ・ギルバート・スコット
「セント・パンクラス駅」
1876

＊1-31 フランソワ・A・デュケスニー「パリ・東駅」1852

＊1-32 ジャック・I・イトルフ「パリ・北駅」1865

有する数多のひとびとが、ガラスの天蓋の下に集う。近代都市がそのスケールの実現を求めたのである。大群衆の人波のなかで、一己の存在として立ちつくし、「個」を自覚したとき、近代は真に迫って来たはずである。既存の価値観や地位に根ざした共同体がフランス革命を機に崩壊し、ひとりひとりが独自の価値判断を迫られ、市民としての自立を求められる状況の到来である。19世紀都市に出現した「屋根の架かった広場」としての駅の空間は、ピラネージの「牢獄」と通底していた。

複線の史観

　先に触れたフランス革命期の空想建築家の建築案も折り込めば、近代における「空間の茫漠化」はそのまま、ニューヨークや

シカゴの摩天楼、第二次大戦後のメガストラクチャーまで一直線だったと見なせもしよう。だが、実際はそれほど単線を一瀉千里に走るようには、近代建築は展開しなかった。19世紀の終焉が見えてきた時期に至って「セント・パンクラス駅」が中世の様式であるゴシックの装いを凝らしたのはなぜかという疑問の考察が不可欠だろう。そこから導き出されるのは、近代化という事態が複線で進行したという現実である。

ゴシックを軸に話を進めよう。取り上げる題材のひとつは、ロンドン南部トウィッケナムに位置する文人ホレス・ウォルポールが手がけた「ストロベリー・ヒルの館」であり、もうひとつは英国の思想家ジョン・ラスキンの一連の著作である。彼らは、ゴシックを中世建築様式という懐古の対象ではなく、近現代の建築に影響を及ぼす存在とすることに大きな役割を演じた。

1776年完成の「ストロベリー・ヒルの館」は、フランス革命から10年ほど前の作品である。この全身がゴシックの装いを凝らした住宅は、ある意味、オーナーであるウォルポールの細部偏執的な執念の賜物であった。セント・ポール大聖堂の聖歌隊の仕切り板で家具をつくり、棺桶の収納箱を天井に使い、由来がはっきりしていても、もととは違う場所にゴシック様式の細部が転用された。どんな形にせよ、ゴシックのな

*1-33, 34 ホレス・ウォルポール「ストロベリー・ヒルの館」1776

かで日々暮らしたいと願ったウォルポールのこだわりがみなぎっている。

　さらに驚かされるのは、パピエ・マシェ、つまり紙を粘土のようにしてこしらえた大ホールの天井である。そこにあるのは細部への執念だ。天を突くゴシックの聖堂が一個の石を置くところから始まるといわれるように、このパピエ・マシェもまたディテールからすべてが立ち上がるゴシックの本質を現している。ウォルポールは居宅に手を入れ続ける一方で、ゴシック・ロマンスの代表作とされる『オトラント城奇譚』を世に送り、ゴシック・リバイバルの英国での流れを確たるものとした。

　ウォルポールの文学が歓迎されたのは、ゴシック復興を受け入れる素地が、当時の英国の社会で高まりつつあったことを物語る。ゴシックこそは、工業化が支配する以前の、中世以来の安定した北ヨーロッパ世界の象徴であり、神学と科学の一体化を目指したスコラ哲学に裏打ちされた様式とされた。近代が幕を開け、迫り来る不安に対して立ち向かう心理的よりどころとして、ゴシックの存在は大きなものがあった。

　ジョン・ラスキンはそのことに熱弁をふるい、19世紀の英国のデザイン、そして建築に多大な影響を与えた。彼の著書『建築の七燈』と『ヴェネツィアの石』は、倫理的な摂理を建築に求めて、中世を賛美し、一方で、時にはルネサンスを代表する建築家アンドレア・パラディオを激しく批判した。また、ヴェネツィアのサン・マルコ広場の「ドゥカーレ宮殿」のルネサンス期の補修を槍玉にあげ、元のゴシック期の職人の練成の技量の所産を、ルネサンスの粗雑な職人たちがだめにしたのだと綴った。

　こうしたラスキンの一連の主張は近代デザインの父とされるウィリアム・モリスに大きな影響を与えた。モリスは、中世こそすべての人間が身近な場で芸術を生み出していた理想の時代だったと考えるようになった。ラスキンの活発な言論活動とモリスの生活美創造への意欲が合体して、19世紀半ばの英国はゴシック・リバイバルの宝庫となった。

　ラスキンの推薦によって、ベンジャミン・ウッドワードが設計した「オックスフォード大学博物館」(1860)は、剥き出しの鉄骨を執拗なまでに使い、ゴシックを蘇らせた。巨大な鉄骨とガラスの天蓋の下の大ホールを見下ろすバルコニーに、さまざまなゴシックを基調とする歴史様式の柱が並ぶのを目の当たりするとき、ラスキンが執拗に「ドゥカーレ宮殿」の柱頭をコレクション的に書きとめていた逸話が思い起こされよう。近代がそこまでやって来ているのに、ゴシックは眠りから覚めて、近代都市の欠かすべからざる要素となって蘇生した。その集大成として、近代都市に欠かせないターミナル駅「セント・パンクラス」がゴシックを全身にまとって出現したのである。

　一方、フランスにおいては、ゴシックは、建築家であり古建築の修復家でもあったヴィオレ＝ル＝デュクによって構造の合理性が解析されたがゆえに多くの若い建築家の心をとらえた。それは、やがてアール・ヌーボーの鋳鉄の曲線となって大輪の花をつけることになる。ゴシックへの解釈が、ウォルポール流の翳りのあるロマンティシズムから始まり、ラスキン流の懐古趣味的情念から、さらに構造としての合理的側面での評価へと展開した。ゴシックは、このように19世紀を通して大きな力を維持し、アール・ヌーボーに形を変えて、20世紀になだれ込んだ。

　近代的な工場が製造上でのばらつきを排して、時々刻々、生み出す鉄やガラスなどの新素材。それを駆使する発想で1920年代以降のモダニズムは、工場の生産の利便を考慮した反復の意匠に陥っていくが、

＊1-35, 36
ベンジャミン・ウッドワード
「オックスフォード大学博物館」
1860

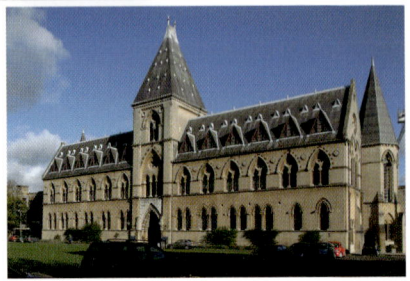

近代のとば口はそうではなかった。近代という汽車は、複線の枝分かれした軌道の上を走り出したばかりで、どの軌道をたどってどこへ到達するのか、試行錯誤が続いた。19世紀にリバイバルとして出現した数多くの歴史様式は、モダニストがいう過渡期的現象でもなければ、進化の必然によって淘汰されて抽象的なモダニズムに向かうことが運命づけられていたとする史観の徒花でもなかった。

つねに現在が最高であり、過去はそこへの通過点にしかすぎないとする、いわゆる「ホイッグ史観」に、建築の歩みの考察は依拠してはいけない。ゴシック・リバイバルという現象は、実りの大きさもあって決して刹那的な流行ではなかった。19世紀後半は、それがあればこそ、輝かしい近代の黎明期となっているのである。

＊1-37「ドゥカーレ宮殿」1309-1424

デザイン／近代建築史
The History of Design / Modern Architecture

第 2 章
1880年代→1900年代

マッキントッシュ、ウィーン分離派からアール・ヌーボーへ

時代概要..............1880年代→1900年代

世紀末の流動社会と表現

　19世紀半ばにクリスタル・パレスによって最初の一歩を踏み出した「デザイン／近代建築」は、迫り来る世紀末を前に着実な発展を遂げる。その舞台でもあり、有力な推進者となったのは、パリ、ロンドン、ウィーンの3つのメトロポリスだ。

　第二帝政(1852年成立)下で、セーヌ県知事オスマンが構築した円形広場と放射状の大通りからなる新生パリは、1875年のオペラ座の完成の頃から本格的に形をとり、ロンドンではビクトリア朝の安定がリージェント通りなどの骨格街路を整備させた。ウィーンでは市街地を取り巻いていた防御土塁が取り払われ、1880年代になるとその跡地に出現した公共建築群が、多様な歴史様式のリバイバルを開花させた。

　その都市に集う市民層から、街区を実利的な目的なく回遊する遊歩者が出現し、近代表現のパトロンとなった。彼らは近代ならではの感覚を受け入れたが、前代の支配層好みの歴史回帰も偏愛した。

　1880年代から世紀末までの建築は、どちらかといえばそういった懐古趣味の思考が色濃く、一方で、生まれ落ちたばかりの

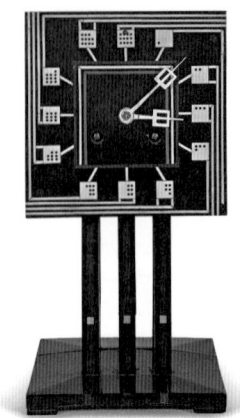

★2-2　チャールズ・レニー・マッキントッシュ「ドミノクロック」1917

概念であるデザインは、その種の後向きの趣味を吹っ切る形で新表現を目指した。

　都市建築は、パリでは前時代のバロックを尊重し、ウィーンでは時にはギリシャまで遡り、ゴシック、ルネサンス、バロックが、自由に採用された。ロンドンは都市街区としてはルネサンス〜バロックを意識しながら、趣味的な富裕層は個人的趣味としてゴシック、イスラム様式など奇想の邸宅を出現させた。いずれも新時代の表現が一本化されないなか、多様な価値観を体現して、モダン・デザイン成立前夜のこの時代を豊かに彩った。

　デザインは、ウィリアム・モリスの蒔いた種子が、アーツ・アンド・クラフツ運動の広がりとなって、英国の枠を超えてヨーロッパへ、さらに新大陸(米国)へと実りをなし、着実な発展を示した。この質的な向上は、グラスゴーの建築家チャールズ・レニー・マッキントッシュの才能に負うとこ

★2-1　リージェント通り、ロンドン

★2-3 エルネスト・ピロヴァノ「カサ・フェラリオ」1904 ミラノ

ろが大きい。モリスによる懐古的かつ社会派的で着実な論理として産み落とされたデザインは、マッキントッシュの手にかかると、2次元表現と3次元表現、身の回りの生活用品と建築といった既成の枠を超越して、情念の高みに登り詰めた。こうしてデザインは、近代表現の主役を占めるに至った。

19世紀末は、世紀末様式、なかでもアール・ヌーボーが多彩さと大衆への浸透という点で抜きんでていた。そこでは建築とデザインの2つの領域の動向が包括された。その背景となったのは、工業化に始まる近代の価値観による社会への揺さぶりだった。激動がもたらす落ち着かない心理状態。アール・ヌーボーの「渦巻く形」は、流動の心理を体現していた。18世紀後半から続くジャン＝ジャック・ルソーに由来する自然回帰の心情が、その曲線を植物の蔓をかたどらせる遠因として作用した。

アール・ヌーボーの特異な曲線は、パリの地下鉄という近代都市を象徴する施設を飾りたて、万国博覧会の会場を覆いつくし、西欧の主要都市から東欧の各都市、さらにはシカゴなどの新大陸の街区にもまとわりついた。メトロポリスを舞台に「表現芸術／建築」が、それまでのアカデミーの枠を超え、市民社会の自律的な「流行」として展開する、かつてはなかった「状況」に先鞭をつけた。ここにおいて「表現芸術／建築」は、商業主義との連関を意識し、やがて来る「消費の20世紀」の華やかな前触れを体現したのである。

★2-4 オスカー・ラスケ「エンゲル薬局」1902 ウィーン

第2章 マッキントッシュ、ウィーン分離派からアール・ヌーボーへ

年	出来事(展覧会／グループ／都市)	作品(デザイン／建築／出版)	社会
1880年	メルボルン万国博覧会(豪)		
1882年			独・墺・伊三国同盟
1883年		F.V.シュミット「ウィーン市役所」 A.ガウディ「サグラダ・ファミリア」着手(スペイン)	
1884年		T.V.ハンセン「国会議事堂」(墺) H.V.フェルステル「ウィーン大学」	清仏戦争
1885年	アントワープ万国博覧会(ベルギー)		F.ニーチェ『ツァラトゥストラはかく語りき』
1888年	アーツ・アンド・クラフツ展示協会設立(英) C.R.アシュビー「ギルド・オブ・ハンディクラフト」設立(英)		
1889年	パリ万国博覧会 東京美術学校開校	G.エッフェル「エッフェル塔」(仏)	
1890年			第1回帝国議会(日)
1891年	リンクシュトラーセに美術史美術館開館(墺) W.モリス「ケルムスコット・プレス」創設(英)	W.モリス『ユートピアだより』	
1892年	ミュンヘン分離派結成(独)		
1893年	シカゴ・コロンビア万国博覧会(米)		
1894年	O.ワーグナー、美術アカデミー建築科教授就任(墺)	A.ミュシャ『ジスモンダ』ポスター(仏) V.オルタ「タッセル邸」(ベルギー) A.ビアズリー『サロメ』挿絵	
1895年	S.ビング、パリに「アール・ヌーボー」開店	H.ヴァン・ド・ヴェルド「アール・ヌーボー」の室内装飾 O.ワーグナー『近代建築』	リュミエール兄弟、最初のシネマトグラフ上映(仏) レントゲン、X線を発見
1896年	W.モリス没		第1回近代オリンピック(アテネ)
1897年	ウィーン分離派結成 ブリュッセル万国博覧会(ベルギー)	C.R.マッキントッシュ「アーガイル・ストリート・ティールーム」家具デザイン(英)	
1898年	第1回ウィーン分離派展	J.M.オルブリッヒ「分離派会館」(墺) E.ハワード『明日』	
1899年	E.ハワードが田園都市協会設立(英) ダルムシュタット芸術家村(独)	C.R.マッキントッシュ「グラスゴー美術学校」(英) A.ロース「カフェ・ムゼウム」(墺) O.ワーグナー「マヨルカハウス」「メダイヨンハウス」(墺)	第1回ハーグ国際平和会議(蘭)

クロニクル　　　　　　　　デザイン編　chronicle

ポスター、家具、そして都市と室内

都市のメディアとしてのグラフィックデザイン

　今日では、街を歩いても、テレビを見ても、インターネットを見ても、ひっきりなしに消費を呼びかける誘惑的な広告を目にする。都市そのものが広告装置となっているとすらいえる。では、その広告というメッセージはいったいいつ頃から出現したのだろうか。広告的な表現は古くから存在するが、消費を誘導する、あるいは消費を組織する広告は近代の産物である。社会学者のジャン・ボードリヤールが指摘するように「消費」という概念そのものが近代の産物だからだ。近代以前の市場では、使用価値を購入しているのであって、そうした行動は消費とは呼ばない。

　広告がその対象としている「大衆」という存在もまた、近代の産物である。ヴァルター・ベンヤミンは『パサージュ論』の中で、「広告」という言葉が生まれたのは博覧会とともに19世紀のことだと述べている。つまり、広告は近代的なメッセージの形態だといえる。近代以前の商業的なメッセージは、看板なども含めて、お知らせとか公表といったほうがよいだろう。

　広告表現のメディアとして早くから登場したのは、19世紀のフランスを中心に出現したポスターである。図像や文字を配した色鮮やかなポスターを大量につくるには、リトグラフ印刷（現在のオフセット印刷の原形）が必要だった。それは、1798年にミュンヘンのアロイス・ゼネフェルダーによって、楽譜などの印刷のために開発された。その技術が、ポスターという表現を生むことになった。

　早くから大型広告としてのポスターが広まったフランスでは、19世紀末に、ジュール・シェレやウジェーヌ・グラッセ、そして、アンリ・ド・トゥルーズ＝ロートレックやアルフォンス・ミュシャといった多くのポスター作家が生まれた。彼らによるポスターは、文字も図像と同じように視覚的なメッセージとしてデザインされた。すべての要素を視覚情報として構成した点において、それ以前の商業目的の視覚的メッセージとは異なっていた。それらを近代的なポスターと呼んでいいだろう。都市における美しくも誘惑的なメッセージが出現したのである。

　なかでも、チェコ出身のミュシャは、パリでポスター作家として成功を収めた。当時人気の女優サラ・ベルナールの主演劇『ジスモンダ』のポスターを制作することで、華々しくデビューした。1894年に制作されたこのポスターをベルナールはとても気に入り、その後、ミュシャと6年間の契約をしている。この作品一点で、ミュシャはポスター作家（グラフィックデザイナー）の地位を固めた。ベルナールを魅了しただけではなく、おそらくそれを見る多くの人々の目を打つものであったことは間違いない。

　それは、ミュシャが視覚表現の新しいスタイルを示したからではあるが、その表現は、現在わたしたちがひとくくりにするアール・ヌーボーのスタイルとも、少し異なっていた。たとえば、アール・ヌーボーの代表とされるロートレックによるアンバサ

ドール劇場『キャバレーのアリスティド・ブリュアン』(1892)のポスターの、人物を赤や青、黒の色面をつかった平面的な画面構成やシェレの『サクソレイン——安全な灯油』(1892)などに見られるリズミカルな構成とも異なるスタイルを、ミュシャはポスターで実現した。もっとも、あえていえば、ジョルジュ・リシャール社の『自転車と自動車』(1897)のポスターに見られるように、人物を明確な輪郭線で表現するという点では、グラッセと共通してはいる。とはいえ、ミュシャはそれを超えた独自なスタイルを生み出した。

その後の彼の表現が結実したのは、たばこ『ジョブ』(1896)のポスターであり、華やかなアール・ヌーボーの様式をつくり上げた。ミュシャは、画家としても活動しているが、グラフィックデザイナーという専門の職能を確立したといえるだろう。

室内への意識

アール・ヌーボーは、個別の家具や日用品のデザインとして現れたのではなく、生活空間のすべてを被いつくそうとするものであった。その舞台は労働者の生活空間ではなく、当時、台頭した産業ブルジョアジーの室内であった。アール・ヌーボーは、歴史的様式とは異なる自在な装飾であり、新たな感覚、そして新たな生活様式を求める気持ちに見合っていた。そのためかつての支配階級に代わって台頭してきた産業ブルジョアジーに迎え入れられた。ヴァルター・ベンヤミンは「そこから室内の目もあやな幻像が発生する」と述べている[1]。

20世紀を間近に控えた世紀転換期の時代、室内(インテリア)に対する意識が急速に高まっていった。

ベンヤミンは『パサージュ論』で、「ポーにおける家具への取り組み。集団の夢からの覚醒を求めての格闘」というメモを記している[2]。このメモは、『パサージュ論』の冒頭のエッセイ「パリ——19世紀の首都」の「ルイ・フィリップあるいは室内」に、より明確にその意味が記述されている。

「第二帝政様式において、アパルトマンは一種のキャビンとなり、その居住者の痕跡が室内に型として残る。これらの痕跡を調べ、跡をたどる探偵小説は、ここから生まれてくる。エドガー(・アラン)・ポーは『家具の哲学』と『探偵小説』で、室内を対象とする最初の観相家となるのだ。初期の探偵小説では、犯人は紳士でもごろつきでもなく、ブルジョアジーの単なる私人にすぎない(『黒猫』『告げ口心臓』『ウィリアム・ウィルソン』)」[3]

室内そして家具に生活者の痕跡が残されるとの発見があるからこそ、ポーによる室内の観相ともいうべき「探偵小説」が、19世紀に成り立ってくる。それはまた、「住居」「室内」あるいは「家具」に人々の意識が向かった時代でもあったことを示している。ベンヤミンは次のようにも記している。

「およそ住むということの根源的形式は、家のなかにいるということではなく、容れ物のなかにあるということである。容れ物はそこに住む者の刻印を帯びている。住居はその根源的な場合には、容れ物に変じる。一九世紀ほど住むことに病的にこだわった世紀はなかった」[4]。そして、ベンヤミンは19世紀に出現したアール・ヌーボーと同時代のドイツの新表現ユーゲントシュティールと住まいのあり方を結びつけている。

産業ブルジョアジーたちが室内をアール・ヌーボーの装飾によって飾りたてたのは、彼らが社会によって管理されない自分だけの宇宙としての室内を夢見、そこを外界からの避難所としたからであった。つまり、彼らは、生産に参加することで、自ら社会的なシステムによって管理されること

❖2-5 アンリ・ヴァン・ド・ヴェルド
1863-1957

❖2-6 アンリ・ヴァン・ド・ヴェルド「レセプションドレス」1902ごろ

第2章 マッキントッシュ、ウィーン分離派からアール・ヌーボーへ

043　　ポスター、家具、そして都市と室内

になる。その管理から逃れた空間として室内が意識されたのである。

ベンヤミンは、そうした室内が生活の場であり、仕事場との対立において出現したのだと述べている。それは、生産と消費の対立という資本のシステムを反映するものだった。

そうした意味では、近代の建築空間は、「生産に関わる空間」としての工場やオフィス、商業空間と、「消費の建築空間」としての住宅へと二分されている。都市空間もまたその二分に従っている。また、日用品のほとんどは、オフィス用と家庭用とでデザインが区別されることになる。

それ以前の支配階級にとってインテリアデザインが外界からの避難所という意識はなかった。それに対して、アール・ヌーボー以降の室内への関心は、今日、わたしたちがインテリアに関心を持つことへとつながっていく。

◆コラム1◆ ジャポニスム

1850年代半ばに、陶器の包装紙に使われていた葛飾北斎の絵が、パリの版画家フェリックス・ブラックモンによって「発見」されたとする逸話が、ヨーロッパの世紀末における「ジャポニスム」ブームの始源とされる。浮世絵のデフォルメと2次元的な描法は、行き詰まりを感じていた若い世代の画家たちを刺激して、そこから印象派が立ち上がったとまでいわれる。

ゴッホが、歌川広重の「名所江戸百景」の「大はしあたけの夕立」を模写したのは有名な話だ。広重が描いた驟雨の強い斜め線を、自身の筆致でさらに強烈なものにしたのを見るとき、印象派に属する画家たちがいかに日本の表現に心ひかれたかが手にとるようにわかる。そして、ジャポニスムは最大の流行様式、アール・ヌーボーに大きな影響を与えて、ヨーロッパの世紀末に艶やかな彩りを添える。

英国グラスゴーのチャールズ・レニー・マッキントッシュも「ジャポニスム」に強い関心を示し、作品の多くに日本の影響が見られる。マッキントッシュ設計のヒルハウスの施主ブラッキーが『Dai Nippon』を著しており、身近に「日本」は存在した。この書籍は明治日本の工業技術に基づく経済発展を称賛する内容だが、そこには伊藤博文の要請で来日したグラスゴーの技術者ヘンリー・ダイアーの貢献などが取り上げられている。グラスゴーは工業技術で日本を導き、一方で、日本はいわばお返しとして文化的な影響を与えた。

◆2-7
フィンセント・ファン・ゴッホ
「雨の大橋」1887

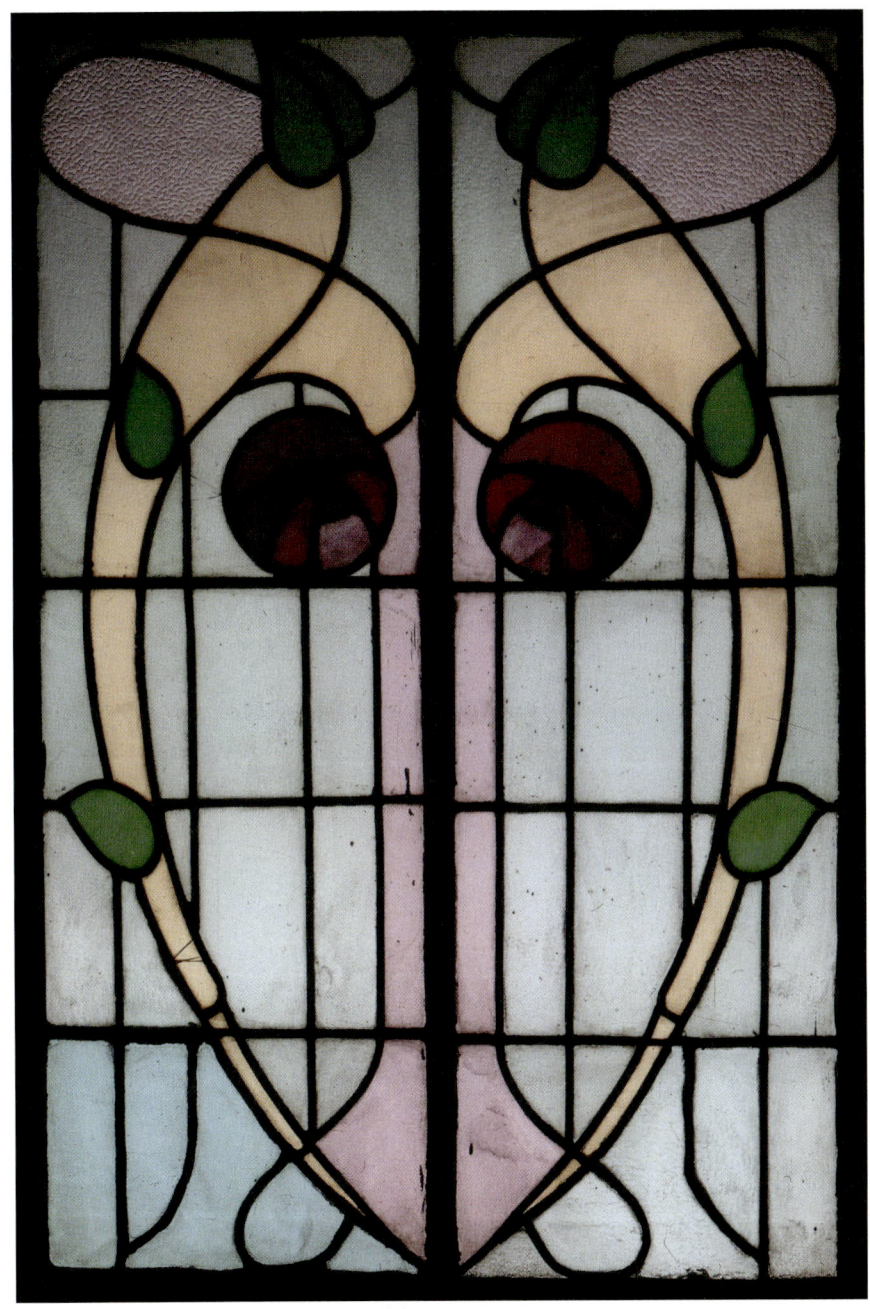

✤2-8 チャールズ・レニー・マッキントッシュ ステンドグラス

第2章 マッキントッシュ、ウィーン分離派からアール・ヌーボーへ

ポスター、家具、そして都市と室内

ハンス・H・ホーフシュテッターは、ヴァン・ド・ヴェルドの室内空間は、「重く、いくぶん暗鬱でさえあって、底抜けのはれやかさというものがどこにも見当たらない」という、それを体験した人の言葉を紹介している。

社会からの避難所としての室内は、ベンヤミンが「その理論は個人主義である。ヴァン・ド・ヴェルドにおいては、家は個性の表現である。装飾のこの家におけるは、絵画における画家の署名にひとしい」と指摘しているように、まさに個人的な趣味によって統合された宇宙の趣だった。

ヴァン・ド・ヴェルドによる室内に限らず、アール・ヌーボーの室内空間は、新しく台頭してきた産業ブルジョアジーが、仕事場（パブリック）の空間から離れて私的（プライベート）な空間へと避難しようとする願望を映し出している。たとえば、エクトール・ギマールは、パリのラ・フォンテーヌ街に多くの住宅を設計している。そのひとつ「メザラ邸」は、織物製造業を営むクライアントのためにデザインされた住宅である。吹き抜けのホールを中心に、サロンそしていくつかの室内が構成されている。ホールの天窓ガラスには、目もあやな装飾が施され、まさに個人生活の宇宙がしつらえられている。

チャールズ・レニー・マッキントッシュ

スコットランド、グラスゴーのチャールズ・レニー・マッキントッシュ（1868-1928）のデザインは、アール・ヌーボーの中でも特筆すべきだろう。彼のデザインをアール・ヌーボーの範疇に入れることなく、独自性を持った新しいデザインとしたほうがいいかもしれない。

マッキントッシュもまた、世紀転換期にアーツ・アンド・クラフツから影響を受けつつ、新しい時代、そしてスコットランドという地域に固有のデザインを実現しようとしていた。さまざまなデザインのボキャブラリーを背景としながら、マッキントッシュは一方で地域に根ざした「スコティッシュ・バロニアル建築」を手がかりにした。他方では同時代の新しい傾向、たとえば、オーブリー・ビアズリーらの新しい装飾的な視覚表現や、さらにはジャポニスムに影響を受けた。

「スコティッシュ・バロニアル建築」をモデルにしつつ、新しい方向を提案しようと

◆コラム2◆「引札」と「絵びら」

日本では、ポスター以前に「引札」や絵入りの広告「絵びら」という形式の表現が一般的に使われていた。引札は17世紀末に越後屋（三越百貨店の前身）が考えだした商業告知だといわれている。越後屋が「現金掛値なし」という商法を江戸じゅうに告知するために印刷物を配布したことにはじまるという。他方、絵びらは、ポスターのように戸外や公衆の集まる施設に貼って、商業的メッセージを伝えるメディアであった。1875年にリトグラフが日本に入り込むと、木版よりも簡易的に多色印刷が可能になったため大量につくられるようになった。絵びらの図像には、七福人や福助といった縁起もの、あるいは都市に新しく入り込んできた汽車や乗り物などが錦絵風のデザインで使われた。そして、19世紀末には急速に欧米風のポスターが絵びらにとって変わっていくことになる。ところが面白いことに、日本では、それまでの浮世絵における緻密な印刷技術がリトグラフにも生かされ、欧米のものよりもはるかに精巧に印刷されたポスターがつくられることになった。

アール・ヌーボーの様式的表現が鮮明にあらわれるのは、北野恒富の『神戸湊川博覧会』（1911）や橋口五葉『三越呉服店』（1911）など、20世紀になってからのことである。

したことには、ナショナリズム志向とともに、新しい、つまりモダンな表現を実現しようとする意識の存在を物語る。

　グラスゴー美術学校時代、マッキントッシュと同じ傾向の学生がいることを学長のフランシス・ニューベリーは認識していた。そうした傾向を持つデザイナー、ハーバート・マックネア、マーガレット（のちにマッキントッシュ夫人）とフランシスのマクドナルド姉妹の3人である。そこにマッキントッシュを加えて、彼らは「ザ・フォー」と名づけられた。地元での評価を受けて、1896年にはロンドンでの展覧会に招待される。

　同じ年、グラスゴー美術学校の新校舎建築のコンペでマッキントッシュの設計案が採用される。それは彼のデザインを代表するものとなった。過去の古典的な歴史様式ではシンメトリーが特徴であったが、この建築のファサードに彼は非シンメトリーを採用する。窓に取り付けたブラケットは装飾的であるが、それは機能から発想したものであった。ベイウィンドー（張り出し窓）を使い、絵画的あるいはグラフィックな効果を出している。また、外観と内部の構造を一致させようとした。そのことで、図書館ではアーツ・アンド・クラフツ的でもあるが、同時に装飾を構造に従わせるデザインを実現している。

　その結果、装飾、構造、歴史様式、地域的デザインなどが融合された。それを可能にしたのはマッキントッシュの並外れたデザインの技量であった。

　美術学校の設計コンペと同じ年、マッキントッシュは、ティールームを経営するキャサリン・クランストンに出会う。彼女はマッキントッシュのクライアントとして、「ハウスヒル」（1903）のインテリアや家具のデザインを依頼する。家具やインテリアにおいて、マッキントッシュのグラフィックな表現の巧みさが引き出された。

　アルコール飲料を出さないティールーム

✤2-9　チャールズ・レニー・マッキントッシュ「ヒルハウス 主寝室」1904

✤2-10 グスタフ・クリムト 第1回ゼツェッション展ポスター「デゼウスとミノタウロス」 1898

✤2-11 チャールズ・ロバート・アシュビー ドローイング

第2章 マッキントッシュ、ウィーン分離派からアール・ヌーボーへ

ポスター、家具、そして都市と室内

はグラスゴーでブームになった。

マッキントッシュのグラフィックな表現がとりわけ生かされたのは「ヒルハウス」(1904)であろう。建築は、伝統的なスコティッシュ・バロニアルを意識した外観、それはまた内部の構造を反映したものとなっている。また、ファサードは絵画的美しさを持っている。室内空間における相互の関係性への配慮、そしてグラフィックな処理は、それまでの様式とは異なる、新たなデザインのあり方を示すものとなった。

ウィーン・ゼツェッション（分離派）

さきにふれたように、アール・ヌーボーは、新興階級のブルジョアジーに受け入れられた。また、それが国際的な広がりを持ったデザインであったことは、産業ブルジョアジーが国際的に台頭してきたことと関連しているだろう。

ウィーンのアール・ヌーボーともいうべきゼツェッション(Secession、分離派)もまた、それまでの歴史様式とは異なった自由な装飾でありながらも、見た目には曲線的であるよりは直線的な装飾として広がった。そして、ゼツェッションも新興階級であるブルジョアジーと結びついていた。

ウィーン・ゼツェッションは、新しいデザインがどのように新しい社会の誕生と関連していたかを鮮やかに映し出している。ひと言でいえば、古い秩序に対する批判と分離という意識を興味深いかたちで見せている。

ウィーン・ゼツェッションは、歴史主義に対して、新たなる時代精神を表そうとしていた。それは、既成の価値からの分離ということであり、いってみれば支配的な父親からの分離ということであった。

より具体的には、ゼツェッションの成立は、当時、ウィーン・キュンストラーハウス（ウィーン芸術家館）をほとんど独占的に使っていた美術界の権力に対する分離を主張し、キュンストラーハウスから脱退し新しい連盟をつくることを意図していた。そして、1897年、ウィーン・ゼツェッションが設立された。

ウィーン・ゼツェッションの運動を推し進めた中心的な人物は画家のグスタフ・クリムトである。彼はゼツェッションの初代の会長に選出された。そして、デザイナーのヨーゼフ・ホフマン(1870-1956)、コロマン・モーザー(1868-1918)、建築家のヨーゼフ・マリア・オルブリッヒ(1867-1908)たちが参加した。彼らは、「時代には時代の芸術を、芸術にはその自由を」という標語を掲げた。また、ゼツェッションは、近代生活に圧迫感を覚える人たちに芸術の避難所を用意すべきだと考えていた。つまり、大衆に接近していこうとしている面があった。

1898年、彼らは第1回ゼツェッション展を開催した。さらに、同じ年に、オルブリッヒの設計したイスラムのモスクを思わせるような、金色に輝く屋根をもった建物「分離派館」を自分たちの展示館として建設し、ここで展覧会を開催することになった。彼らは自らの展示スペースを確保するとともに、印刷メディアを持った。雑誌『ヴェル・ザクルム』(Ver Sacrum、1898-1903)を彼らのメディアとして、ひとびとに活動を伝えるとともに、そのメディアによって活動を自ら活性化させていった。

ウィーン工房の総合デザイン

『ヴェル・ザクルム』の刊行が終わった1903年、ゼツェッションのメンバーであったホフマンとモーザーは、実業家のフリッツ・ヴェルンドルファーの経済的なバックアップを受けて「ウィーン工房」(Wiener

✤2-12 チャールズ・レニー・マッキントッシュ「第8回ウィーン・ゼツェッション展 展示室」1900

Werkstatte)を設立した。ここで彼らは家具、テーブルウエア、テキスタイル、服飾など日用品のデザインを手がけることになる。それらのデザインは、実に華やかなものであった。彼らは日常生活に関わるものを、ギルド的な組織によって総合的にデザインしようとしたのだ。その発想は、ウィリアム・モリスを中心としたアーツ・アンド・クラフツから少なからぬ影響を受けていたといえるだろう。その設立の目的を次のように述べている。

「組合員に対する工芸教育と訓練によって、組合員の手になる芸術的デザインに基づくあらゆる分野の工芸品制作によって、工房の設立によって、さらには製品の販売によって、組合員の経済的利益を促すこと」

アーツ・アンド・クラフツ運動のひとつとして1888年にイギリスのチャールズ・ロバート・アシュビー(1863-1942)が設立した「ギルド・オブ・ハンディクラフト」をウィーン工房はモデルにしていたといわれている。ホフマンやモーザーは、古い精神を反映した装飾から分離して新たな総合的なデザインを目指したわけだが、他方では、反近代のギルドというアーツ・アンド・クラフツ的な発想によってそれを実現しようとしたのである。

ウィーン・ゼツェッションはパリやロンドンなどで広がったアール・ヌーボーと同様に新しい装飾デザインを目指すものであったが、見た目には直線的な装飾であった。そのデザインは、グラスゴーのデザイナー、

チャールズ・レニー・マッキントッシュのデザインを想起させる。

第8回ゼツェッション展ではマッキントッシュのデザインを展示し、彼らはスコットランド、イギリスのデザインをウィーンに紹介する役割を担ったともいえるだろう。

日本では1920年代にウィーン工房が紹介された。日本のモダン・デザインのパイオニアのひとりである木檜恕一（こぐれじょいち）はウィーン工房を訪問し、そこからの影響をうかがわせるデザインを残している。木檜は、東京高等工芸学校（現千葉大学工学部）で、1920年代に本格的なデザイン教育に関わっており、彼を介してウィーン工房の表現が日本にも広まった。

❖コラム3❖ ナンシー派

フランスとドイツ国境に近いアルザス＝ロレーヌ地方は、両国の軍事的な争奪が続き、1871年の普仏戦争でフランスが敗れると同地区の多くがドイツ領となった。そのなかでフランス領にとどまったロレーヌの中心都市ナンシーは、その逆境が幸いして工業的な発展の恩恵を集めることになった。そうした背景が、この地をアール・ヌーボーの一大拠点として育て上げた。

エミール・ガレ（1846-1904）の自然を題材にした妖艶なまでのガラスの作品群を眺めるとき、大規模な温室を持ち、花卉を出荷していた土地柄が見事に生かされていることを知る。1900年のパリ万博をはじめ、ヨーロッパ各地や米国の博覧会や展示会に、ガレが率いたナンシー派の面々は出展を重ね、ナンシーはアール・ヌーボーの一大拠点となった。

パリのアール・ヌーボーが植物を扱いながらも、人工的なイメージでの形象化を特徴としたのに対して、ナンシー派は、植物学の発達やダーウィンの進化論などを踏まえて自然の豊かさを表現して、もうひとつの頂点を形成した。

日本から農林技術者として同地に留学していた高島北海（1850-1931）は、彼らの眼前で日本画を描き、ナンシー派の面々の尊敬を集めた。ジャポニスムとアール・ヌーボーが、同時代の創作を介して交流した興味深い逸話となっている。

❖2-13
エミール・ガレ
「肉食類」1889

クロニクル　　　　　　　　　建築編　　c h r o n i c l e

渦巻く新様式のきらめき

自由様式選択の実り

　ウィーンの環状道路沿いに敷地を隣り合わせにしてならぶ3つの大建築、「オーストリア国会議事堂」、「ウィーン市役所」、「ウィーン大学」の外観を見たとき、それらがせいぜい1年のわずかな時間差で完成したことに、誰もが驚くに違いない。
　「オーストリア国会議事堂」(1884年、設計＝テオフィル・フォン・ハンセン)はギリシャの古典様式を身にまとい、隣接の「ウィーン市役所」(1883年、同フリードリッヒ・フォン・シュミット)はドイツ語圏のゴシック、さらに隣り合う「ウィーン大学」(1884年、同ハインリッヒ・フォン・フェルステル)はイタリア・ルネサンスを基調にしている。
　いずれもが、単に味わいを持たせた次元ではなく、国家を、そして帝都を代表する建築であるがゆえに、本格的にそれぞれの様式のリバイバルを達成している。
　「国会議事堂」は、画家になる夢がかなわず、ウィーンをあてどなく徘徊していたアドルフ・ヒトラーに、誇大妄想の建築的霊感を与えたほどの、完璧な古典のなぞりとなっ

＊2-14, 15　テオフィル・フォン・ハンセン「オーストリア国会議事堂」1884

第2章　マッキントッシュ、ウィーン分離派からアール・ヌーボーへ

＊2-16, 17 フリードリッヒ・フォン・シュミット「ウィーン市役所」1883

＊2-18, 19 ハインリッヒ・フォン・フェルステル「ウィーン大学」1884

❖コラム4❖ エッフェル塔

1889年のパリ万国博覧会。フランス革命から100年を期して開かれたこの博覧会の記念物は、「エッフェル塔」だった。高さ300mの鉄塔は、構造技術者ギュスターヴ・エッフェル（1832-1923）によって実現された。1851年ロンドン博のクリスタル・パレスの設計者ジョセフ・パクストンも技術者であった。同時代のヨーロッパの近代都市の遊楽装置の観覧車も同じく技術者のウォルター・バセットの手で次々と実現していった。新時代を画するものは、旧来のアカデミー出身の建築家ではなく、最新の工業技術を身につけた新たな職能のひとびとによって担われた。

エッフェル塔への反発は強く、1887年の着工直後には、作家のモーパッサンやオペラ座の建築家シャルル・ガルニエらが連名で「芸術家の抗議文」を市当局に提出、これに対して、エッフェル自身、「フランスは技術者を世界から集めて新技術の構造物をつくる国だということをアピールすべし」との反論を記した。

工業化の流れには抗いがたく、エッフェル塔は実現、やがてパリの景観にとって不可欠なものとなり、エッフェルの思考の正しさは歴史的に証明された。塔の完成後、エッフェルは塔の高さと足元の空間を生かして落下実験を試みて、空気力学の初期の発展に貢献し、航空機の開発にも寄与した。

*2-20, 21 ギュスターヴ・エッフェル「エッフェル塔」1889

エッフェル塔の完成から約90年後、やはり鉄骨が剥き出しの「ポンピドゥー・センター」がパリの景観破壊と指弾されたが、これも克服された。鉄の構造物は、近代都市美の一翼を確実に担っている。

ている。屹立するアテナイの女神を正面に抱く純白の大理石の外観、彫像群に囲まれた議場など、居合わせたものを厳格な規律で震撼させる。

5つの尖塔をいただく「市役所」は、外観においてはゴシックの天を突く垂直性が貫徹され、内部においては金色のボールト天井の市民ホールが中世の装飾の豊かさを復元して大きな感動を呼ぶ。「大学」は、石造の強い正面性の背後に、アーチのならぶ回廊に囲まれた中庭を抱え、「知の殿堂」らしいたたずまいで来訪者を迎えてくれる。

ウィーンの市街地を囲んでいた防御土塁を撤去して、首都への人口集中に対応した大ウィーンと呼ぶべきメトロポリスの建設が、皇帝フランツ・ヨゼフによって宣言されたのは1857年。防御土塁の跡は環状道路（リンクシュトラーセ）となり、そこに近代にふさわしい公共的な建築群を配置することになった。皇帝を中心に行政府、市役所、軍などが、敷地の奪い合いを繰り広げ、ようやく30年近い歳月を経て、大建築が

＊2-22　ゴットフリート・ゼンパー「ブルク劇場」1888

＊2-23　ファン・デア・ニュルほか「オペラ劇場」1869

＊2-25　エクトール・ギマール　パリ地下鉄出入り口

＊2-24　エクトール・ギマール　パリ地下鉄「ポルト・ドーフィーヌ駅」1900

広大な敷地を接する新街区ができ上がった。

　すでに19世紀半ばに、ロンドンではクリスタル・パレスが登場、工業技術が可能にした鉄とガラスの大空間が、近代都市を構成する大建築のひとつの指標となりつつあった。鉄道駅舎や中央市場、百貨店などが積極的にその新しい形式と構法を採り入れていた。だとするなら、新たに帝都の都市街区を建設するにあたって、ウィーンが落着した「様式＝スタイル」は、時代の流れに逆行した時代錯誤（アナクロニズム）の様式ではなかったのか。

　いや、それは違っている。古代、中世、ルネサンスの各時代様式を、新建築に採用するのは、むしろ常識に近かったとさえ見なせるだろう。建築や都市の歴史、あるいはヨーロッパ各地の地域特性などについて、近代都市成立期の市民層は、正確な「情報」とそれに基づくまっとうな「解釈」を身につけており、ウィーンではそれが的確に様式選択に反映された。

　「国会議事堂」は、なにより「権威」を体現すべきであり、それがローマを通り越して、ギリシャへと赴かせた。その結果、アテナイの女神までが勧請された。これに対して、「市役所」は、ドイツ語圏の都市国家の伝統を踏まえて、市民の様式としてのゴシックを選択した。「大学」が、天才の時代だったルネサンスに範を求めたのも理にかなっている。

　つまり、この時代にあって、クリスタル・パレスの様式はすでに確かな新時代様式として存在したが、国家的、あるいは準国家的な大建築の様式を決定するにあたって、「歴史」は懐古的ではなく、理性的に参照され、過去回帰の壮麗なウィーンの景観が、

*2-26 エクトール・ギマール
「カステル・ベランジェ」1898

*2-27 「カステル・ベランジェ」正面玄関屋上

*2-28 「カステル・ベランジェ」
タツノオトシゴの装飾

渦巻く新様式のきらめき

当時の「現代建築」として出現したのである。それは都市という近代がもたらしたキャンバスのうえでの、様式折衷だったと見なせよう。

さらにリンクシュトラーセを舞台に前後する時期に登場した建築群を列挙すると、「オペラ座」、「美術史美術館」、「ブルク劇場」は、いずれもウィーンが18世紀以前に完成させたバロックを基調とすることで、多様な様式選択に、ひとつの規範を持ち込もうとしている。その役割を演じたのは、ドイツから招かれた建築家ゴットフリート・ゼンパーで、美術史美術館とブルク劇場を設計して、ウィーンの都市的伝統の継承を実現させた。

近代を達成するにあたって、未だ排他的なモダニズムの言説は登場せず、ひとびとは自らの掌のうえで、「歴史様式」を自在に操り、ふさわしい場所にふさわしい役者を配した。これこそが19世紀後半の、やがて世紀末の表現の坩堝を迎える、豊かな建築の時代の特色ある活況だったといえるだろう。革命騒動と迫り来る世界大戦を前にした一瞬の安息の時期ゆえの実りを、現在のウィーンを訪ねるひとびとは享受しているのである。

即物的な美意識

建築におけるアール・ヌーボーの原点として語られるのは、ベルギーの建築家ビクトル・オルタ(1861-1947)の一連の作品である。自然回帰の根強い流れを受けて、オルタはブリュッセルにおいて、真鍮や鉄材に植物曲線をかたどらせ、「タッセル邸」や「オルタ自邸」などの新様式の先駆的な作品を手がけた。パリにおいてアール・ヌーボーの建築における中心的役割を演じるエクトール・ギマール(1867-1942)は、オルタに尊敬の念を抱き、2人の建築家は交流を深めて世紀末様式の創造に没頭する。

一方、自然回帰とならぶアール・ヌーボーのもうひとつの推進役は、ゴシック・リバイバルだった。フランスの建築家で文化財の修復家としても功績を残したヴィオレ=ル=デュク(1814-79)は、パリのノートルダム大聖堂をはじめ、中世のゴシック建築の構造的な補修を手がけ、『建築講話』などの著作において、ゴシック建築を例にとり、構造の合理性に建築の本質を求めた。この合理性の主張が、歴史様式選択を重圧と感じていた若い世代の建築家の心をとらえ、それが新時代の構造材である鋳鉄の表現を模索する動きに結びつき、アール・ヌーボーの大流行をひきおこした。

ギマールは、ヴィオレ=ル=デュクに心酔した世代に属し、初期の作品では構造材を筋交いのように直接的に用いた即物的な建築作品を手がけた。だが、パリの新興住宅地であった16区を舞台に世紀末にかけて彼がディベロッパー役もつとめて手がけた住宅群や、彼の人気をあてこんで駅の出入り口のすべてが委ねられたパリの地下鉄施設では、鋳鉄は植物の蔓を擬した大胆な曲線を描いた。このアール・ヌーボーの熱気によってパリはアーツ・アンド・クラフツ運動で先行したロンドンを抜き返して「花の都」の座を挽回した。

ギマールの代表作「カステル・ベランジェ」の正面扉と外壁面には、アール・ヌーボーのすべてが集約されている。細い鋳鉄を組み合わせた造形は、あらゆるところで非対称を形成し、曲線はあくまでも渦を巻こうとする。建築家は、植物の生命力を一枚の平面に閉じ込め、蓄積させたエネルギーを極大の爆発に結びつけようと企てている。その玄関先から7階上の軒先を見上げると、カエルのような生物がこちらを見下ろしているように思えるし、壁にはタツノオトシゴが突き刺さり、建築は異様を極め

❖ コラム5 ❖ **アントニオ・ガウディ** ❖

　アール・ヌーボーの時代に活動のピークを迎え、曲線を多用する表現ゆえにその一分派のように扱われたりするが、アントニオ・ガウディ(1852-1926)の建築は、近代建築の流れのなかで名誉ある孤立の存在であり、スペインにあって独自の文化的な系譜を形成するカタロニアの地域性と、彼のキリスト教信仰によってもたらされた。

　彼のつくり出した世界は、工業主義が浸透するヨーロッパにおいて、他に類をみない強烈な表現と、執拗なまでの細部への固執が、近代建築の明白な対置概念として貴重な例証となっている。それゆえ建築界を超えた幅広い支持者を獲得し続けてもいる。

　工業家グエルとの出会いが、彼の、時には奇怪とも思える造形を実現させた。グエル関連の住宅にみられるドラゴンをかたどった造形や宇宙観を感じさせる吹き抜けなどを目にするとき、ガウディは、都市に渦巻く生産や消費の熱気とは遠いところにいたことがわかる。やはり新興企業家を施主とする都市建築である「カサ・ミラ」の可塑的な外壁の石の扱いは、工業製品が生み出す流線形とは異なっており、ガウディをひときわ孤高の存在に押し上げるのに一役買っている。

　晩年の「聖家族教会」の細部にみられる素朴な造形を眺めるとき、近代都市における安息とはなにかという根源的問題をガウディの建築は問うているように思える。

*2-29 アントニオ・ガウディ
「聖家族教会(サグラダ・ファミリア)」1883-

ている。

　何しろ、この世紀末パリの街頭には、社会的な価値観の流動化のポテンシャルが高まっていたから、そこまでしなければ建築は疾風怒濤のなかに埋没しかねなかった。世界最初の流行建築家ならではの、時代判断が働き、それゆえ、彼は近傍に両の手で数えても余るほどの集合住宅を手がけ得たのである。

　あるいは、独特の植物曲線を思わせる書体で「Metropolitain」と記した陶板のプレートがかかった地下鉄出入り口は、植物的な曲線のアームによって高く掲げた照明器具の「カエルの目玉」と揶揄される真っ赤なガラスで乗降客の度肝をぬく。地下鉄というメトロポリスの勲章となる施設を、ギマールに委ねた資本家の眼力はいかばかりだろう。アール・ヌーボーを主題とする1900年のパリ万博を訪れた世界各国からの観光客は、市内各所へと地下鉄で移動するたびに、このパリの街頭のあらゆる場所で「アール・ヌーボー宣言」というべき異相の建築を、網膜に焼き付け、文化都市パリの水準の高さと芸術への寛容さを体感したに違いない。

　ギマールは、その意味で旧来の職能の限界を打破した、真の近代の建築家といってよいだろう。皇帝や王や宗教権力者に寄り

＊2-30 ヨーゼフ・マリア・オルブリッヒ「分離派会館」1898

＊2-31 「分離派会館」正面のレリーフ

＊2-32 グスタフ・クリムト「ベートーヴェン・フリーズ」1902 「分離派会館」壁画

添って、自身の表現願望をかなえてきた建築家は、世紀末に至って、市民社会を顧客とする流行の担い手(トレンドセッター)となったのである。ルネサンスの天才たち、ラファエロもダ・ヴィンチもミケランジェロもなしえなかった、万人が認知した「時代の寵児」である。近代都市が工業生産の拡大によって成立し、ほどなく工業生産品の「消費」を価値軸に展開していくとき、流行の波頭を読みきれる者のみが、時代の象徴たりうるという真理を、彼は体現した。

1900年という世紀の切れ目を踏み越えて、ギマールの「その後」を記すなら、それはまた流行の必然の運命である「廃れ」に抗すべくもなく、パリ16区の後期にあたる集合住宅群は、渦巻く造形の輝きを失った。やがて、彼は新大陸へと去り、華やかだった壮年時からすると、穏やかな死を迎えた。モードがあらゆる表現芸術に浸透した近代都市において、一瞬の光芒というのは、恥辱でも悔悟でもない。それは立派な勲章なのであり、ギマールの米国での静かな最期は、「見るべきほどのことは見つ」とでもいおうか、流行作家ならではの満足感にあふれた諦念を現していよう。

世紀末様式の拡大

ウィリアム・モリスに始まる英国のアーツ・アンド・クラフツ運動の実りを一身に集めたのは、間違いなく建築家チャールズ・レニー・マッキントッシュだった。いや、マッキントッシュがいればこそ、社会運動的な側面が強かったモリスらの活動は、一段飛躍して、一時代を画する表現芸術の次元に到達しえたといえるだろう。2次元で展開されたモリス流の造形が古くさい陳腐さにとどまっていたのに対し、マッキントッシュの造形力は、照明器具や花瓶などの3次元の対象物をキャンバスとして、文字通りの斬新さでエロスさえ感じさせる、抽象化されながらも情感あふれる表現に開花した。

モリスは、『建築の七燈』や『ヴェネツィアの石』などの著作でゴシックを熱烈に賛美したジョン・ラスキンに強い影響を受け、

第2章 マッキントッシュ、ウィーン分離派からアール・ヌーボーへ

*2-33 オットー・ワーグナー「ホーフパビリオン・ヒーツィング駅」1899

渦巻く新様式のきらめき

やはり古典的な調和からの脱出を意図したラファエル前派とともに活動した。一方、マッキントッシュの表現を見るとき、楚々とした美しさは幾何学造形を基調としている。その点において、世紀末様式のなかでは、後年のアール・デコにつながる表現であり、ウィーン分離派と関連づけて語られる存在といえよう。

実際、ウィーン分離派は、1900年、マッキントッシュをウィーンに招き、自らの第8回グループ展の展示を依頼している。ローマ帝国時代の独立軍団の呼称を名乗る分離派にとって、現状の最高の波頭を究めるアール・ヌーボーの作家よりも、さらに一歩進めた次代の造形の可能性を感じさせるマッキントッシュのほうに共感する部分が大きかったのは間違いない。

先に述べたリンクシュトラーセに、理におちる様式選択の大建築群が勢ぞろいした時代に、ウィーン分離派は活動のエネルギーを高めつつあった。中心となった画家グスタフ・クリムトは、リンクシュトラーセの2つの大建築「美術史美術館」と「ブルク劇場」の壁画や天井画に参加してその才を認められていた。また、19世紀末から第一次世界大戦（1914年開戦）までの建築界において圧倒的な力量を自他ともに任じる存在だったオットー・ワーグナー（1841-1918）は、若い世代の分離派と行動をともにした。彼らの活動は、リンクシュトラー

*2-34 レッチワース田園都市

◆コラム6◆ 田園都市

1898年、ロンドン市の書記エベネザー・ハワードは『明日』と題した書籍を公刊する。ロンドンのようなメトロポリスに、急速な工業化で流入してきた工場労働者層が劣悪な居住環境にとめおかれ、健康被害にさらされているのを救済する目的で、郊外地に職住近接の新都市建設を提案する内容だった。同書はのちに『明日の田園都市』と改題され、世界中に信奉者を生み出す。

$4km^2$の住宅地を、5倍の広さの田園地帯が取り巻き、基本の人口は3万2,000人とされた。ハワード自らは、ロンドンから北に50km、鉄道で1時間ほどの距離にあるレッチワースとウェリンの2か所で自らの理想を実現した。レッチワースには、田園都市構想の賛同者の米国人企業家がコルセットの工場を新たに建設、製品は英国全土に普及した。地域住民の女性も積極的に雇用して、近代の望ましい住環境の「お手本」となった。

当時、ロンドンでは1884年にフェビアン協会が設立され、労働運動が共産主義革命に結びつくのを防ごうとする良心的支配層の穏健な社会主義との融和論が強かった。ハワードの調和的な思考は、ウィリアム・モリスのユートピア思想にも通じ、社会問題解決策として説得力を持った。

日本では渋沢栄一、小林一三らが鉄道の沿線開発に発想を借りたが、営利的な側面が強かった。レッチワースをいち早く視察した建築家の中條精一郎（プロレタリア作家宮本百合子の父）は、日本の田園都市を「労働者救済の目的に非ずして投機者流の餌食」と断じている。

セ開通後の帝都の文字通りの華であった。

　屋上の奇怪な造形ゆえに「黄金のキャベツ」と揶揄されたり、建築躯体の四角四面ないでたちから「アッシリアの墳墓」となじられたりしたヨーゼフ・マリア・オルブリッヒの「分離派会館」(1898)こそ、彼らの活動の拠点であり、金字塔でもあった。純白の壁に刻印された樹木のシルエットを縁取る濃緑の曲線は、アール・ヌーボーを思わせるが、それよりも東方ビザンチンの建築のシルエットを借りながら、自由奔放に屋上にオブジェを戴冠させ、建築としては幾何立体の美を実現した先進性に着目すべきだろう。これこそ、彼らが国境を越えて、グラスゴーのマッキントッシュとの連帯を確認し得た表現の本質である。

　オットー・ワーグナーは、生家を国会議事堂の設計者テオフィル・フォン・ハンセンが手がけたように、上層市民階級の出身で、ウィーン市の鉄道や運河など基幹施設の総合監修役を務めるなど、過去の建築観を過激に攻撃する分離派とは、本来は対立する階層に属していた。しかし、過去の建築との決別への信念は強く、自ら属する体制からの非難もものともせず、分離派への理解を示し、自身も数多くの近代建築の里程標となる作品群を手がけた。

　19世紀も押し詰まった時期に登場したウィーン・ツァイレ通りに面して連なる2つの連棟の集合住宅「メダイヨンハウス」と「マヨルカハウス」(1899)では、金色のメダルとマヨルカタイルによる豪奢華麗なグラフィックの装飾を建築にまとわせた。「ウィーン郵便貯金局」(1906)のガラスのホールは鉄とガラスの造形で新時代の建築を高い水準で実現した。精神病院附属の「アム・シュタインホフ教会」(1907)は、東方のドームを連想させるエキゾチックな外観の内部に、純白の空間をしつらえ、コロマン・モーザーら分離派の芸術家たちも加わった

新表現のステンドグラスなどで飾り立てた。これらは19世紀末ヨーロッパの建築の頂点の作品となった。

　分離派会館の設計者オルブリッヒや、幾何学的な造形で次世代のアール・デコの建築などの先駆けともなったヨーゼフ・ホフマンら、分離派の中心を担った建築家を育てあげたのもワーグナーだった。ハプスブルクの治世が第一次世界大戦によって終焉を告げるまでの19世紀末から20世紀初めのウィーンは、こうしてアーツ・アンド・クラフツの震源地であるロンドン、アール・ヌーボーの都としてのパリと比肩する、新表現の華麗な舞台となった。新表現が街頭に乱舞する19世紀のメトロポリスはここに勢ぞろいしたのである。

　アール・ヌーボーの急速な衰退についても、触れておかねばなるまい。流行は、大衆の熱狂的支持による急速な蔓延と、突然の飽和と嫌悪感との、危うい両輪のうえに成立するものだ。1902年のイタリア・トリノで開催された近代装飾芸術国際博覧会を頂点に、アール・ヌーボーは潮が引くように社会の関心の外となった。ギマールが筆を折って米国へ去ったのは、先に記したとおりである。

　かつて権力者の玩具にも等しかった建築は、近代都市成立とともに、大衆の嗜好を反映した流行表現となり、アール・ヌーボーの爆発的な流行が、建築家を時代の寵児にした。本来は千年王国を目指すべき領域が、そのような形で流行に関与するようになったのは、「矩(のり)を超えてしまった」というべきかどうか、判断は難しい。しかし、皇帝や王侯貴族というパトロンを失った近代において、建築家が常に商業主義と向き合わざるを得ず、大衆の嗜好を無視できなくなったことは、モリス以降の英国でも、ウィーン・リンクシュトラーセの様式選択でも、あるいは分離派が会館を維持するため

第2章　マッキントッシュ、ウィーン分離派からアール・ヌーボーへ

渦巻く新様式のきらめき

にも(観客動員のためにベートーヴェン展を開催した)、厳然たる現実として存在することになった。

　19世紀末から20世紀初頭の、近代都市の熱狂のなか、ワーグナーのような同時代の価値観に鋭敏な理解者がいたからこそ、建築は時代の先頭に立ちえた。都市の消費的な側面は、20世紀に入り、第一次世界大戦による一頓挫を克服すると、一段と強まっていく。思えば、ここまでに列挙した表現の担い手たちは、時代の変化に対応する強靱さと揺るがない学術的な見識も有していた。それゆえ、この時期は、建築が都市を豊かにしえた。だが、都市を席巻する消費、商業主義の波が、高まるに連れ、建築家という職能は、一段と複雑な対応を迫られることになる。その意味では、ワーグナーらは、美を純粋に追求して開花した最後の大輪の花だったのかもしれない。時代を超えて燦然と輝き続ける所以である。

＊2-35　オットー・ワーグナー「メダイヨンハウス」1899

＊2-36　オットー・ワーグナー「ウィーン郵便貯金局」1912

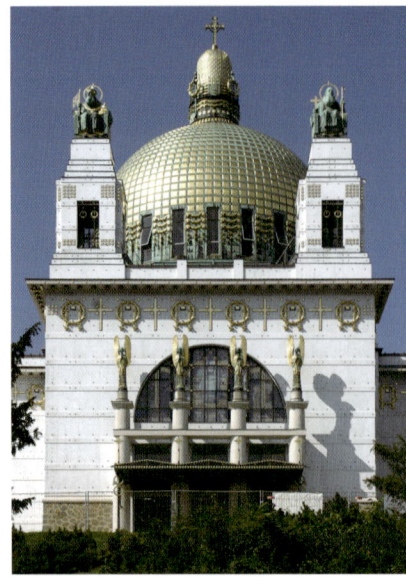

＊2-37　オットー・ワーグナー「アム・シュタインホフ教会」1907

＊2-38「アム・シュタインホフ教会」ステンドグラス

デザイン／近代建築史
The History of Design / Modern Architecture

第3章
1900年代→1920年代

ドイツ工作連盟から
バウハウス、
モダンデザインの成立へ

時代概要............1900年代→1920年代

規格化によるモダンデザイン成立

　世紀転換期に広がった装飾様式「アール・ヌーボー」は、産業を背景にして経済的には強力だが、精神的には混沌とした産業ブルジョアジーたちに受け入れられた。しかし、それはウィリアム・モリスのように、積極的に機械生産を否定するものではなかった。そうしたなかで、20世紀初頭、ヨーロッパにも機械生産を前提にした新しいデザインを生み出そうとする動きが出てくる。「ドイツ工作連盟」(Deutscher Werkbund, DWB)のような実践がそれである。

　ドイツ工作連盟の実践は、やがてバウハウスへと一部、つながっていくことになる。機械テクノロジーを背景にして突き進もうとしたドイツ工作連盟からバウハウスにいたる実践は、新しいテクノロジーがひとびとを古い社会制度から解放するはずだという、近代のプロジェクトのひとつを推し進めようとするものであった。

　モダン・デザインはモリスやアール・ヌーボー、ユーゲントシュティールあるいは機械テクノロジーを背景にしたデザインといったいくつかの要素を含みながら進展したわけだが、結局は、モリスの主張した中世的なものづくりと、その使用という方向ではなく、大量生産・大量消費の実現へと向かった。

　早くから量産のシステムを確立したのは先にも触れたように、兵器産業のテクノロジーを基盤にしたアメリカであった。20世紀のアメリカの大量生産品として最も特徴的に現れてきたのは、自動車であった。自動車の本格的な大量生産を始めたのは、よく知られているように、ヘンリー・フォード(1863-1947)である。フォードは、自動車をフレーム、エンジン、トランスミッション、ボディなどからなる、いわゆるサブユニットによって組み立てる方式を確立した。この生産方式の採用で、フォードはT型の価格を下げることに成功した。

★3-1　ペーター・ベーレンス「AEG電気ポット」1902

　フォードのT型モデルの成功は、アメリカにおいてモータリゼーションを1920年代に実現した。それは、新しい量産システムの登場に伴って、それまでにはなかった熟練とはいえない労働者を使う労働のあり方を生み出した。そして大量生産を前提にした社会の働き手でもあり、消費者でもある大衆を生み出し、20世紀社会を準備することになった。

　他方、ロシアでは、1917年に起こった社会主義革命によって、ロマノフ王朝が崩

★3-2 フォード・モーター社「T型フォード」1913

壊する。その革命に連動するように、新しいデザインが展開されていく。ロシア・アバンギャルドと呼ばれることになるデザイナーによって実践された。

ロシア・アバンギャルドのデザイナーたちは、それぞれに過去を断ち切って、革命後の新たな生活様式をデザインしようとしていた。それはさまざまな可能性を描くものであった。たとえば、カジミール・セヴェリーノヴィチ・マレーヴィチは、純粋に理念化された夢（デザイン）を描いている。一方では、ウラジーミル・エブグラフォーヴィチ・タトリンは、ひたすら巨大な空間をつくることや、人間の機能的な拡張を考えていた。また、アレクサンドル・ミハイロヴィッチ・ロトチェンコは、機能という抽象化された概念によって新たな生活環境を構成しようとしていた。

いってみれば、新たな未来に向かって自在に夢を描くことができた状況のなかに、革命とそれを背景にしたデザインの意味があった。

いずれにしても「大量」という概念がロシア・アバンギャルドにとっても無視しえないテーマのひとつであった。大量に生産する行為は大量な人間、つまり「大衆」という概念と不可分である。それはアメリカ的な資本主義社会にとっても、革命後のロシアにあっても共通したテーマであり、イデオロギーの違いを超えて、近代社会が抱えたテーマであった。

★3-3 エル・リシツキー（デザイン）
イリヤ・エレンブルグ（編集）
『ヴェシチ（物）』誌創刊号 1922

第3章 ドイツ工作連盟からバウハウス、モダンデザインの成立へ

1900年代〜1920年代

年	出来事（展覧会／グループ／都市）	作品（デザイン／建築／出版）	社会
1900年	パリ万国博覧会 第8回ウィーン分離派展		S.フロイト『夢判断』 義和団の乱(中) 地下鉄開通(仏)
1901年	グラスゴー万国博覧会(英)	V.オルタ「自邸」(ベルギー)	ノーベル賞創設 東京高等工業学校「工業図案科」を新設
1902年	トリノ近代装飾芸術博覧会(伊)		日英同盟締結
1903年	ウィーン工房設立	E.ハワード『レッチワース田園都市』(英)	
1904年		C.R.マッキントッシュ「ヒルハウス」(英)	日露戦争 オフセット印刷技術発明
1905年	ルーブル宮内に装飾美術館開館(仏) ドイツ表現主義「ブリュッケ」結成 F.L.ライト来日		アインシュタイン「特殊相対性理論」発表
1907年	ドイツ工作連盟結成 「キュビスム」運動		
1908年	H.ヴァン・ド・ヴェルド、ワイマール工芸学校の初代校長に正式就任	A.ロース『装飾と犯罪』 T型フォード誕生(米)	
1909年	F.マリネッティ「未来派宣言」	P.ベーレンス「AEGタービン工場」(独) C.R.マッキントッシュ「グラスゴー美術学校」(英) A.カーン「ハイランドパーク」(米)	
1910年	ブリュッセル万国博覧会(ベルギー)		韓国併合
1911年		A.ロース「ロースハウス」(墺)	辛亥革命(中)
1912年	J.ホフマン「オーストリア工作連盟」設立	O.ワーグナー「ウィーン郵便貯金局」	
1914年	ケルンで「ドイツ工作連盟」展	ル・コルビュジエ「ドミノシステム」 B.タウト「ガラスのパビリオン」(独)	第一次世界大戦 パナマ運河開通
1917年	デ・ステイル結成(蘭)		ロシア革命
1918年	A.オザンファン、ル・コルビュジエ「ピュリスム」宣言(仏)	アムステルダム派『ウェンディンヘン』創刊	
1919年	バウハウス、ワイマールで創設。初代校長にW.グロピウス(独)	映画『カリガリ博士』	ヴェルサイユ条約 ワイマール憲法制定(独)

クロニクル............デザイン編　chronicle

規格化とフォーディズムがもたらす新時代

**ドイツ工作連盟
——デザインの規格化**

　1907年、ドイツのミュンヘンで「ドイツ工作連盟」(Deutscher Werkbund, DWB)が設立された。この組織には、芸術家、デザイナーや建築家、そして、産業家や評論家も加わっていた。産業家が参加していたことからもうかがえるように、ドイツの殖産興業政策と関わっていた。つまり、ドイツ製品の質の向上、および量的拡大を実現しようとするものであった。また、芸術と産業の統合という、モダン・デザインの理念のひとつが意識化されたともいえるだろう。

　この組織がつくられたことによって、ひ

✤3-4　ペーター・ベーレンス「ドイツ工作連盟展」ポスター　1914

❖コラム1❖ ムテジウス

建築家ヘルマン・ムテジウス(1861-1927)は、「ドイツ工作連盟」の主導者としてその名を知られている。ドイツ・ミュンヘンで1907年に結成されたドイツ工作連盟は、第一次大戦の始まった1914年に第1回の展覧会を迎えるが、その冒頭ムテジウスは、ヴァン・ド・ヴェルドと「規格論争」で対峙した。工業の世紀の要請に応え、彼の主唱した「規格化」はモダン・デザインの世界を覆いつくした。

アーツ・アンド・クラフツ運動の盛期、ドイツ政府は、ムテジウスをロンドンに大使館員として駐在させ、工業化時代における生活用品の世界商品化で一歩先んじた英国の情報を収集させた。ムテジウスは、英国で多くの作家たちと語り合い、工房を各地に訪ねて、デザインのなんたるかを精査した。その成果がドイツ工作連盟に結びつき、国家あげてのデザイン振興策が、遅れてきた帝国主義国ドイツを時代の顔に押し上げた。

ムテジウスは、明治の半ば、エンデ&ベックマン事務所の所員として、日本に滞在した経験もある。同事務所は日本政府の依頼で、霞が関官庁街のバロック化を手がけていた。一番年下の所員として日本にやって来たムテジウスは、日本滞在時に外地での情報調査のノウハウを体得したとされる。その経験まで見越して、彼をロンドンに派遣したドイツ政府の洞察力は、デザイン立国への見識とともに注目に値する。

✤3-5 ヘルマン・ムテジウス 1861-1927

✤3-6 エンデ&ベックマン「司法省庁舎(現・法務省赤レンガ棟)」1895

とことでいえば、機械生産を前提にデザインを考えることになったといえる。その活動を推進した中心的な人物にヘルマン・ムテジウス(1861-1927)がいる。ムテジウスは建築家として東京で4年ほど過ごした後、1896年、ドイツ大使館員としてロンドンに行き、1903年までイギリスの住宅の研究にあたった。当時、産業先進国であったイギリスの住宅や日用品に関するものづくり、あるいはデザインを学び、それをドイツに持ち帰ることがムテジウスの任務であった。

ムテジウスがイギリスで目にしたのは、モリスに代表される「アーツ・アンド・クラフツ」運動から影響を受けたデザインであった。また、ムテジウスは、とりわけスコットランドのチャールズ・レニー・マッキントッシュのデザインに注目していた。

イギリスからの帰国後、ムテジウスはドイツ工作連盟に参加する。そこで彼は、ドイツの製品の質の向上および量的拡大を実現するために、「規格化」を推し進めるべきであると主張する。過去の多様な歴史的様式を引用したいわゆる歴史主義に対して、新たなデザインを提案したアーツ・アンド・クラフツ運動やマッキントッシュに、ムテジウスは新しい表現の可能性を感じたのだろう。

ムテジウスは、1914年のケルンで開催されたドイツ工作連盟の展覧会を契機に、「規格化」の方向性を明確に提示した。現実には、ケルンでのこの展覧会に展示されたものは、定まった様式で統一されているわけではなく、多様な表現が混在していた。

たとえば、のちに美術学校バウハウスの開校を実現することになるヴァルター・グロピウス（1883-1969）がデザインした工場のモデル、列車のコンパートメント、あるいはブルーノ・タウト（1880-1938）によるガラス産業のパビリオン、また、ウィーン・ゼツェッション（分離派）において中心的な活動を行ったヨーゼフ・ホフマン（1870-1956）を思わせるデザインなどが同時に共存していた。

ドイツの建築史家ユリウス・ポーゼナーは「アートと産業との間：ドイツ工作連盟」というエッセイのなかで、1914年の展覧会で工作連盟の目標に関する対立した意見が出現したことに触れている(1)。

ケルンでの工作連盟の展覧会では、規格化と美術との対立を引き起こした。それは連盟内の最初の亀裂となった。その対立は、たとえばペーター・ベーレンス（1869-1940）のアーク灯のデザインとフリッツ・エルラーのユーゲントシュティール風のいかにも装飾的な壁画の表現に、その立場の違いがあらわれていたという。

つまり、規格化か自由なアートかという対立であった。この対立は、ムテジウスの主張とそれへの批判というかたちで明確に

✤3-7 ペーター・ベーレンス「AEGタービン工場」1909

071 規格化とフォーディズムがもたらす新時代

第3章 ドイツ工作連盟からバウハウス、モダンデザインの成立へ

なった。具体的には、ムテジウスの主張と、アール・ヌーボーのデザイナーとして知られるアンリ・ヴァン・ド・ヴェルドとの対立であった。この対立は、ドイツ工作連盟全体へと広がった。

ムテジウスは、「クラフツマンシップと大量生産」と題する講演で、大量生産と機械生産される製品づくり、そしてインダストリアルデザインの立場に立っていた。つまり、ムテジウスは一貫してデザインの規格化を主張していた。しかし、それに反対する側のひとびともまた、連盟のメンバーをやめることなく対立は続いた。

ベーレンスは、当初、ヴァン・ド・ヴェルドと同様に画家であった。1907年にAEGのアドバイザーとなり、AEGの工場、製品、そしてグラフィックデザインまで担当した。アーク灯は、ベーレンスがAEGで最初に手がけたプロダクト(製品)デザインであった。このアーク灯は間接照明になっており、最初期のモデルから、まったく装飾をつけずに機能的に必要なパーツのみでつくられていた。つまり、反射鏡、カバー、そして調節器といったパーツである。

✤3-8 ヘリット・リートフェルト「シュレーダー邸」1924

オランダに戻り、1917年に水平、垂直の線で画面を囲って区切り、原色に塗り分ける究極の抽象構成に到達する。このモンドリアン・パターンは、宇宙を幾何立体に還元するモダニストの営為をすべて包含するものだった。自ら結成に参加したグループ「デ・ステイル」の過激な活動も手伝い、バウハウスなどにも強い影響を与えた。

デ・ステイルの主要メンバーで行動をともにしたテオ・ファン・ドゥースブルフや建築家ヘリット・リートフェルトの作品にもモンドリアンの思考の影響は色濃い。

とりわけリートフェルトが設計した「シュレーダー邸」(1924年、オランダ・ユトレヒト)は、モンドリアンの究極の抽象幾何学を、住宅の形をとって立体化したもので、壁や開口部など構成要素のすべてが、モンドリアンの美学に奉じられた。リートフェルト自身のデザインによる「赤と青の椅子」の存在と相まって、モンドリアンの思考を世界に伝播するのに、大きな役割を演じた。

✤コラム2✤ モンドリアン

オランダの抽象芸術家ピエト・モンドリアン(1872-1944)の存在を抜きに、20世紀の空間抽象表現は語れない。彼の到達したモンドリアン・パターンこそ、モダニズムの建築の基本となる構成原理であり、フランク・ロイド・ライトも、ル・コルビュジエも、その影響を逃れることは難しい。

1910年代にパリでキュビスムにふれたあと、

✤3-9 ヴァルター・グロピウス「寝台列車のコンパートメント」1914

　アーク灯よりも、1909年から生産された電気ポットのほうが、規格化という面ではさらに明確だった。このポットは30種が売り出されたが、すべて規格化された部品の組み合わせでつくることができた。3種の大きさの違い、3種のポットの基本形状、2種の取っ手の形状、3種のメッキ、2種の表面加工、それらの組み合わせで、30種の製品がつくられた。

　ベーレンスはのちに古典主義的様式への回帰をみせるのだが、AEGにおける一連のデザインでは、機能とシステムという新たな秩序を示した。それは、モダン・デザインの流れのなかにあって、きわめて重要な意味を持っている。結果としてみるならば、モダン・デザインは、ムテジウスが主張した方向へと向かうことになったからである。

バウハウス

　ムテジウスの規格化の主張と対立したアンリ・ヴァン・ド・ヴェルドは、1902年、ザクセン大公ウィルヘルム・エルンストの芸術顧問に任命された。大公は、当時、地域産業と芸術の支援者であり、ドイツ工作連盟の結成に貢献したひとりであった。ヴァン・ド・ヴェルドは大公の芸術顧問を務めるとともに、私設の工芸学校を開設した。1908年にヴァン・ド・ヴェルドは、大公にこの学校を接収してもらい、工芸学校は大公立美術工芸学校となった。

しかし、第一次世界大戦の開戦でベルギー人であるヴァン・ド・ヴェルドはドイツを去らざるをえなくなる。彼は1915年にドイツから退去するにあたって、美術工芸学校を、当時まだ30歳を少し過ぎたばかりのヴァルター・グロピウス(1883-1969)に託そうとした。グロピウスは1908年から10年まで、ペーター・ベーレンスの事務所で仕事をしていた。また、翌11年にドイツ工作連盟のメンバーになった。

付け加えておかなければならないが、バウハウスでは閉鎖されるまで、ついに建築に特化したカリキュラムは実施されなかった。

バウハウスは、教育運動、造形美術運動、工房活動など、さまざまな特性を持つことになるわけだが、いずれの面からみても、結果的にはきわめて前衛的な運動としての性格を帯びていた。また、バウハウスの活動は、めまぐるしいものであった。

バウハウスは、わずか14年ほどの短期

✤3-10 アンリ・ヴァン・ド・ヴェルド「ワイマールのバウハウス校舎」

1918年、ザクセン大公の統治が終わりを告げ、結局、フリッツ・マッケンゼンが校長をしていたワイマール美術学校(美術アカデミー)と大公立美術工芸学校をひとつに改組し、1919年、「ワイマール国立バウハウス」として新たに開校することになる。

開校当初、バウハウスは決して前衛的な運動を目指していたわけではなく、建築家を養成する造形美術学校であった。ここで

間の活動でしかなく、その間にも、ワイマールからデッサウに移転(1925)し、1927年にはグロピウスが校長を辞め、ハンネス・マイヤーが校長を務めることになるが30年には解任され、ミース・ファン・デル・ローエが代わって校長になっている。そして32年にはデッサウ校は閉鎖され、ベルリンに移りミースの私塾のかたちで継続しようとしたが、結局、ナチスによって33年に閉校に追い込まれてしまう。わずかな

期間にこれだけの変動があったということは、バウハウスの動きが必ずしもすっきりしたものではなく、組織内部にも対外的にもさまざまな問題を抱えていたことを暗示している。

グロピウスは1919年4月にバウハウスについての理念を、リオネル・ファイニンガーの木版によるカテドラルのイラストレーションとともに示した。

「……工芸家と芸術家の間にある傲慢な障壁を立てている階級的差別のない、新たな工芸家のギルドをつくろうではないか。わたしたちはともに、未来の新しい建造物を望み、想像し、つくりだそう。その未来の新しい建造物は建築と彫刻と絵画をひとつに包含するだろうし、いつの日かそれは何百万の工芸家の手から、新しい信仰の水晶のシンボルのごとく天を目指して立ち上がっていくだろう」とグロピウスは述べている(2)。バウハウスについてのこの記述は、ウィリアム・モリスが考えていた中世の「ギルド」を想起させる。

また、同じ1919年の学生による年次展覧会で、グロピウスはバウハウスの役割について、「大きな総合芸術、すなわち未来のカテドラルは、その豊かな光を日常生活の小さなものにあてるだろう。わたしたちはその日を見るために生きているのではない。わたしたちはこうした新しい普遍的な理念の先駆者であり、最初の先導者であると確信している」と述べている(3)。つまり、工芸や美術を統合するものとして「総合芸術」という概念を使い、その隠喩として「カテドラル」という言葉を使っている。ちなみに、バウハウスBauhausという名称は、Bau（建築）・Haus（家）という意味になる。それは古くからあるBauhütte、つまりカテドラルのような「大建築の普請作業のための小屋」を意味する言葉からつくられたのではないかと考えられている。バウヒュ

✤3-11 ヴァルター・グロピウス「デッサウのバウハウス校舎」1926

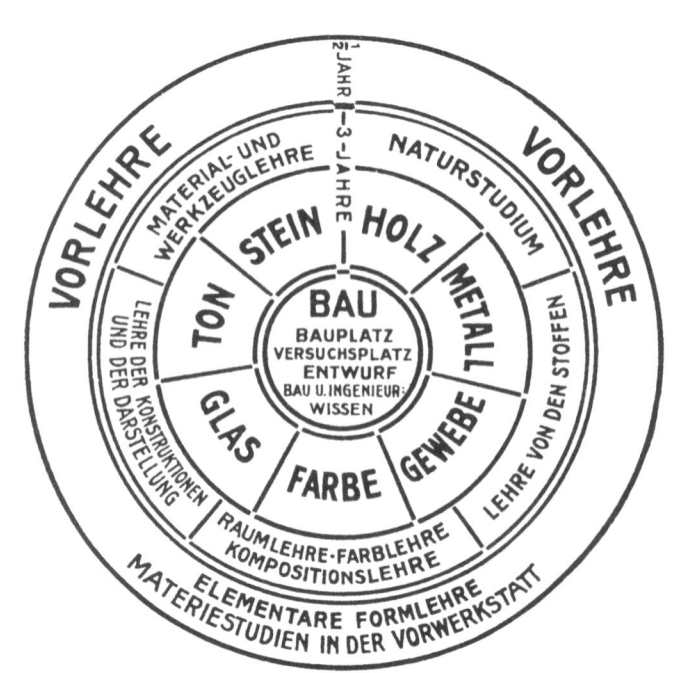

✤3-12 バウハウス教育課程の構成図 1922

ッテには、「中世の建築職人組織」という意味もある。

　グロピウスもまた、モリスと同様、個々の領域に解体されてしまった工芸や美術、デザインの仕事を再び統合しようとしていたのである。

　バウハウスの教育は、「予備教程」「製作教程・形態教程」(工房教育)などがあり、これに加えて、最終的には「建築教程」があり、3つの段階によって構成されていたが、「建築教程」は実現することはなかった。「予備教程」と「工房」は、バウハウスの教育をとりわけ特徴づけている。

　予備教程は、1923年までヨハネス・イッテン(1888-1967)が担当し、素材の理解や対象の構造理解(デッサン)など多様なトレーニングが行われた。この教程のプログラムは、イッテンによって考案されていった。23年以降は、ラスロ・モホリ＝ナジ、ヨゼフ・アルベルス、パウル・クレー、ワシリー・カンディンスキー、オスカー・シュレンマー、ヨースト・シュミットらが担当した。

　工房は、木工、金属、織物、ガラスなどがあり、グロピウスによれば、ものの製作に関わる一貫した過程を体験するとともに、現実の産業への結びつきを橋渡しするものと考えられていた。工房では、やがてバウハウスの製品がつくられることになる。

　1925年以降のデッサウ時代は、オランダのデ・ステイルの影響を少なからず受け、それまでのアーツ・アンド・クラフツ的なものから抽象的、あるいはインダストリアルな傾向を強めていった。

　バウハウスでは、教員(マイスター)たちも、きわめて前衛的な作品を生み出した。たとえば、マルセル・ブロイヤー(1902-81)が1925年にデザインした金属製のパイプをフレームに使った椅子(この椅子はカンディンスキーにちなんでワシリーチェアと

呼ばれている）。そのワシリー・カンディンスキーの抽象絵画。あるいは、パウル・クレーの輝くような色彩を見せる絵画。ハーバート・バイヤー（1900-85）によるユニバーサル・アルファベット。オスカー・シュレンマー（1888-1943）の抽象的なダンス（パフォーマンス）の構成。モホリ＝ナジによる写真やタイポグラフィなどである。

　タイポグラフィから家具にいたるまで、教員たちと学生が生み出したデザインは、その後の20世紀のデザインに多大な影響を与えることになった。

フォードのシステム

　ドイツ工作連盟が大量生産、機械技術を背景としたデザインを提案し、バウハウスもまた産業へとつながるデザイン教育を実践した。しかし、徹底した大量生産を実現したのは、アメリカであった。ヘンリー・フォードについて再びふれよう。T型フォードは、20世紀の産業のあり方を決定づけた。フォードに対して、グロピウスは住空間の領域におけるフォードになることを

❖コラム3❖ **アーモリー・ショー** ❖

　アーモリーとは、兵器庫や軍の教練場を指す。1913年2月、ニューヨークの第69連隊のアーモリーで、米国内とヨーロッパ各国から1,600点の美術作品を集めた一大美術展が開催された。出展作品は販売され、巡回も含め300点が売れたという。正式な展覧会の名称は「国際近代美術展」だったが、ニックネーム的な呼称「アーモリー・ショー」が後世に伝えられた。

　厳寒期で、しかも会期は1か月に満たなかった。そうしたハンデを乗り越えて、アーモリー・ショーは当時のヨーロッパの新芸術を初めて大々的に米国に紹介し、さまざまな議論を巻き起こした。もともとは米国内の美術の展示を目的としたが、企画段階において、エコール・ド・パリを中心とするヨーロッパ芸術の新傾向を同時に紹介する方針が加わった。この展覧会におけるキュビスムなどの体系だった紹介は、米国がモダニズムの王国として、第二次大戦後の美術界において現代美術を主導する役割を演じる契機となった。

　パリにおいて印象派がアカデミーのサロンを離れて頭角を現したように、新時代の美術が専用の美術展示施設ではない場に自己表現の舞台を求めたところにも、19世紀末から20世紀初めにかけての新表現の展開のひな型を見ることができるだろう。ニューヨークのあと、シカゴ、ボストンへ巡回し、総入場者数は25万人を数えた。この動きが「近代美術館（MoMA）」の設立に結びつく。

❖3-13　ニューヨーク近代美術館

077　規格化とフォーディズムがもたらす新時代

夢見たといわれる。

T型フォードの最初の生産は1908年で、これをライン生産に切り替えたのが1914年であった。フォードは、自動車をフレーム、エンジン、トランスミッション、ボディなどからなる、いわゆるサブユニットによって組み立てる方式を確立したのである。この生産方式をとることによって、フォードは価格を下げることに成功した。ちなみに、1910年に1台850ドルのコストで約2万台のクルマを生産した。1916年には、1台360ドルで約60万台生産している。そして1927年の製造中止までに、1,500万台のT型フォードを生産した。

T型フォードの大量生産方式によって、自動車はたちまち大衆化していくことになった。フォードの大量生産車の出現によって、アメリカでは最も早い時期にモータリゼーションが起こった。F・L・アレンの『オンリー・イエスタデイ』によれば、1923年の段階で、典型的なアメリカの都市で、すでに3世帯に2台の割合で自動車が普及していたという。それは、シャワーの普及率よりも高かったという。また、自動車の普及によって道路がつくられ、その沿道には商業施設が出現し、アメリカの風景は一変する。大量生産された自動車は、大衆の消費行動を変えるとともに、都市の光景を変化させていったのだ。

フォードは、製品の均質化を目標に、労働者を管理するさまざまな方法をとった。そのために労働者個人の宗教や貯金、そして家族構成や生活様式にいたるまで厳しくチェックすることになった。いうなれば労働者の均質化と機械化まで手がけたわけだ。フォードは、T型とともに、人間の労働をもデザインしたのだ。フォードのシステムは、消費においてもまた、労働や生産の機械的な管理技術という点においても、20世紀の大衆社会の姿をつくり出した。

ロシア・アバンギャルド

ドイツ工作連盟からバウハウス、そしてT型フォードの生産のシステムの出現は、機械化を前提にした産業への変化を具体的に表すものであった。同じ時代に、ロシアでは政治革命が実現した。

1920年代のロシアにおけるデザインは、ほとんどが、いわゆるアバンギャルド芸術家たちによって実践された。彼らは、表現上の変革と政治的な革命とを重ね合わせた。たとえば、ロシア・アバンギャルドのイデオローグであったカジミール・マレーヴィチ(1878-1935)は「キュビスムと未来主義は芸術における革命運動であり、1917年の経済・政治生活に起こった革命を先取りしていた」と述べている。

ロシア・アバンギャルドのひとびとは、芸術、そしてさらにはひとびとの生活に関わるもののデザインがすぐれて社会的、政治的な問題であることを見抜いていた。デザインがひとびとの生活様式の変革に関わっており、したがって文化全体の変革の問題として認識されたのである。生活様式の変革が革命後の新たな政治形態と関わっていくという点において、デザインはまさに政治の問題として存在していたのである。

ロシアのアバンギャルドたちが提案したデザインは、それぞれがあるべき未来に向かって描いた夢であった。それはユートピアへの夢であった。そして、夢の多様性がデザインに投影された。

マレーヴィチがレニングラード国立製陶所のためにデザインしたティーポットとティーカップは幾何学的な直線と曲線によって構成されている。それは、過去のいかなるティーポット、ティーカップとも似ていない。つまり、そのデザインは過去のあらゆる生活様式をも切り捨てている。マレー

✤3-14 エル・リシツキー『二つの正方形の物語』1922

ヴィチにとって、幾何学的な抽象性こそが新たな生活様式として考えられていたのであろう。

　ウラジーミル・タトリン（1885-1953）は、第三インターナショナルの記念塔という巨大な建造物を構想している。鉄骨で組まれスパイラル状に伸び上がっていくこの塔は、実現されれば、パリのエッフェル塔より高くなる計画であった。また、彼は曲木の椅子（1927）や滑らかな曲線的なミルク入れ（1930）などの日用品をデザインしている。機能的な環境をデザインしようとしていたともいえる。

　アレクサンドル・ロトチェンコ（1891-1956）のデザインは、タトリンとは異なった意味において機能的な環境を構成しようとしていた。ロトチェンコは、生産と使用との両面から機能という概念でデザインを進めようとしていた。たとえば、1924年頃、ロトチェンコはヴフテマスで指導し、多目的家具をつくらせている。1925年のパリにおける装飾美術近代産業国際博覧会（いわゆるアール・デコ博）では、ロシア館（労働者クラブ）のためにデザインした多目的家具を展示した。

　ドイツにとっても、アメリカ的な資本主義社会にとっても、また革命後のソビエト連邦にあっても大量生産と大衆は共通したテーマであり、イデオロギーの差異を超えて、近代社会が抱えたテーマだったことがこの時代のデザインの変化にみることができる。いずれも新しい社会を夢見ていた。

✤3-15 エル・リシツキー
ケルン・国際報道展ソビエト館カタログ
1928

✤3-16 エル・リシツキー
『メルツ』誌8-9号表紙
1924

クロニクル　　　　　　　　建築編　　chronicle

フォーディズム、メディア、警句の建築家

　20世紀の幕開け。そうなっただけで、ひとの気分というものは一新されるものだ。19世紀は、半ば近くまでフランス革命(1789)の雰囲気を引きずり、人心は、既存の価値観の崩壊に揺れ動き、その心情がアール・ヌーボーの渦巻き模様に託された。だが、世紀末様式の流行は20世紀の到来とともに一段落し、「速度と移動」を新たな根底の価値尺度として、建築も都市も一気に「モダン」へと向かって走り始める。

　新大陸に注目しよう。ヘンリー・フォードは1903年、米国ミシガン州都ランシングで「フォード・モーター」を設立する。このフォード社が5年後の1908年に発売した「T型フォード」は、自動車を一気に大衆へと広め、まず、米国がモータリゼーションの世紀の先陣を切る。これこそ「速度と移動」の時代相の幕開けである。フォード社は1910年代には、同じミシガン州デトロイトに、流れ作業の自動車の組み立てラインのための大規模な生産プラントを建設する。世界の自動車産業の中心地にデトロイトは急成長していく。

　T型の成功を支えたフォードの生産プラントは、デトロイト郊外のハイランドパークに位置した。その中心施設を設計した建築家がアルバート・カーン(1869-1942)である。カーンはドイツのフランクフル

✴︎3-17　ミシガン州ディアボーンのフォード社「レッド・ルージュ・プラント」1938

ト・アム・マインの近郊に生まれ、一家は新天地を求めてデトロイトに移住する。だが、生活は苦しく、カーンは建築の専門教育を受ける機会もなく、設計事務所の製図工として建築家人生をスタートした。専門誌の奨学金を得て、イタリアをはじめ、ヨーロッパ各地の歴史的な名建築を探訪して素養を積み、1891年、デトロイトで共同ではあったが自らの設計事務所をおこした。

弟ジュリアス・カーンが開発した、鉄材を溶接する独自の鉄筋コンクリート工法「カーン・システム」を駆使して、第一線に躍り出た。そして、フォード社をはじめ、新世紀の高度工業化を牽引した自動車工場の建築を手がけて「モダン」を世界に先駆け大規模な形で実現していった。

なかでも金字塔と呼ぶべき「ハイランドパーク」は1910年に開場している。柱と梁が格子を形作り、それが連続していく4階建ての鉄筋コンクリートの工場は、階段室を配した四隅にだけ煉瓦が用いられた。カーンと弟が実現したこの工場は、短辺が23m弱に対して、奥行きは260mもあった。この細長さこそ、フォードが編み出し、20世紀以降の工業生産を支えた、流れ作業による製品組み立てシステム「フォーディズム」の象徴だった。膨大な量の部品を使って完成品まで組み上げる工程には、可能な限り水平に延びていく空間が、4層の各階ごとに求められたからである。

こうした巨大な生産システムを実現させたフォードもカーンも、いわば「移民の子弟」であり、「正式な教育」を受けずに自立した経歴の持ち主であったことは、すべてのひとに機会が開かれていた新大陸のダイナミズムを物語る。フォードは市井の一発明家として「T型」を完成させた。それを組み立てラインにのせる工場建築を、独学の建築家カーンに依頼した。

のちにイタリアの自動車王フィアットは、フォードの生産ラインを学び、それへの賛辞として1920年代初めに本拠地トリノに、試走のためのコースを屋上に持つ工場「リンゴット」(設計＝ジャコモ・マッテ・トルッコ)を完成させる。

カーンの執務風景をとらえた写真を見ると、彼はデスクの背後の壁にローマの古代建築「パンテオン」の額装した写真をかけていた。それは若いときに見聞したイタリアの建築文化への率直な敬意の表れだったが、そのカーンが手がけた工場建築への讃歌をイタリアの「リンゴット」が歌ったのは、20世紀が「米国の世紀」であることの何よりの証といってよい。同時代の技術の粋を投じて効率と規模を純粋に追求した工場建築が、20世紀になってヨーロッパの伝統を圧倒した驚異への「讃歌」が「リンゴット」なのである。付言するなら、カーンの工場建築は軍需生産にも直結し、第二次世界大戦における対枢軸国戦争での勝利にも貢献した。これぞ時代を動かした近代における建築の姿である。

世紀が開けてしばらく経った時点では、ヨーロッパにおいて、のちに近代建築の巨匠と敬われる面々、ル・コルビュジエ(1887-1965)、ミース・ファン・デル・ローエ(1886-1969)、ヴァルター・グロピウス(1883-1969)は、建築家としての修養期にあった。米国において近代建築の始祖とされるルイス・サリバン(1856-1924)はすでに第一線で活躍しており、カーンを自らの事務所に誘ったこともあった。そのサリバンの事務所から独立したフランク・ロイド・ライト(1867-1959)も、最初の黄金時代を迎えるまでまだ少し間があった。

こうしたモダニズムの孵化期に、カーンがフォードという格好の高度工業化の権化と手を結び、機能的・合理的な新たな建築を実現した業績は、評価されてしかるべきだ。なぜならカーンの工場建築には、のち

1900年代→1920年代

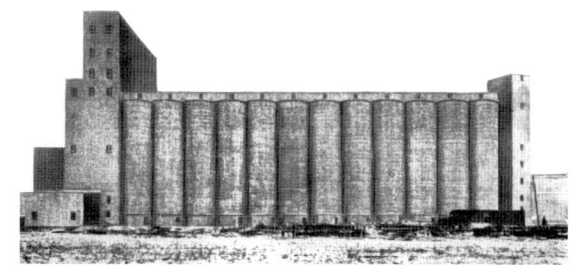

＊3-18　南アメリカの穀物サイロ　1910年ごろ

に近代建築が目指した「感覚」のすべてが、すでに相応な規模で実現されていたからだ。1907年結成の「ドイツ工作連盟」が声高に主張した「規格化」は、フォーディズムが大衆を顧客に実現していた。20世紀の「万物の価値の創造主」としての米国は、フォードとカーンによってその輪郭を明確にしていた。

　ところで、バウハウスの校長となったヴァルター・グロピウスは、バウハウス叢書の第1巻『国際建築』(1925)で、注目すべき米国の建築として、南米の「穀物サイロ」を掲載している。実用的で即物的な大規模施設であり、それが無署名で実現したこと

を讃えてのことである。ル・コルビュジエも自著『建築をめざして』(1923)のなかで、米国の工場技術者の手がける空間を、古めかしい建築観を打破するものと位置づけている。つまり、近代建築の第一世代の巨匠は、彼らの思考を体現した「実作」が新大陸を舞台に実現していることへの賛辞と共感を、近代建築成立の節目とされる「近代建築国際会議(CIAM)」成立(1928)以前に明確に表明していたのである。彼らの視線の先にカーンが存在したのは明らかだ。

　また、カーンは、ロシア構成主義の建築家として知られるヴェスニン兄弟とも交流があり、ロシア革命(1917)直後のソビエ

＊3-19　ル・コルビュジエ「ソビエト宮」競技設計案　1931

©FLC / ADAGP, Paris & JASPAR, Tokyo, 2012
C0015

ト連邦で、大規模なトラクターの工場などを実現させている。ちなみに、ル・コルビュジエによる1930年代の「ソビエト宮」競技設計案に、同時代の日本の近代建築家は大きな共感を示しているが、ソビエトを巡るカーンの実作と実現しなかったル・コルビュジエの案への、日本の反応の落差の意味するところも思索に値する。

弟のジュリアス・カーンは20代の一時期に日本に住んでいたことがあり、また、カーン・システムのコンクリート構造を手がける「トランスコン社」の支社が東京に存在したことを思うと、日本の建築家が兄について知る機会が全くなかったはずはない。それでもカーンについては、鉄筋コンクリートを日本においていち早く同時代の表現としたアントニン・レーモンドや、米国で実地にカーンの工場建築を視察した関西在住の建築家、東畑謙三あたりしか、評価する向きはいなかったようだ。見れども見えずだったのか。

世紀のかわった時点では、ヨーロッパの巨匠たち、ミース・ファン・デル・ローエ、ル・コルビュジエ、ヴァルター・グロピウスらが機能主義と合理主義を究めた無装飾のモダニズムを実現するまで、しばらくの時間的な猶予があった。世紀末を吹き荒れたアール・ヌーボーの嵐は、世紀の境を超えると急速に萎んでいき、建築と都市は新世紀にふさわしい新たなる導きの言説を渇望していた。

1908年、オーストリアの建築家アドルフ・ロース（1870-1933）は『装飾と犯罪』と題した一文を発表、20世紀の建築に「ひとつの大きなかせ」を付与した。

「我々の時代には、新しい形の装飾が産みだされないことこそ、我々の時代が偉大な証なのではないか」

「装飾は国民経済や健康、それに文化の進展を損なうことで、罪を犯しているのだ」

＊3-20 アドルフ・ロース「ロースハウス」1911

＊3-21 アドルフ・ロース「オーストリア工作連盟住宅」1932

＊3-22 アドルフ・ロース
「シカゴトリビューン社社屋国際コンペ応募案」

　こうした主張から読み取れるロースの姿勢は、世紀末様式への敵意に満ちている。モラビア生まれ、ドイツ・ドレスデンで建築教育を受けたロースは、1893年からの3年間を米国で暮らし、米国の建築家の合理主義・機能主義の実践に共感を覚える。ヨーロッパに戻ると、オーストリア・ウィーンを拠点に活動をはじめ、ヨーゼフ・マリア・オルブリッヒらウィーン分離派、アール・ヌーボーの始祖のひとりとされるベルギーの建築家ヴァン・ド・ヴェルドらの近代性を掲げながら装飾的要素を強くとどめる作品を「悪例」として指弾する。

　彼は、歴史様式選択の結果、ルネサンスやゴシックなどのリバイバル建築が林立するウィーンの環状道路沿いの建築群を「ポチョムキンの都市」と論難した。ロシアの強権的な女帝エカテリーナ2世が地方巡視に出かけるとき、寵臣の将軍ポチョムキンが、女帝の遠望する田園地帯に「書き割りの家並み」を設えて、偽りの繁栄を演出し

085　フォーディズム、メディア、警句の建築家

た「伝説」を踏まえた言いがかりである。ロースにいわせれば、屋内では資本主義的な経済活動がおこなわれる事務所建築なのに、外観がルネサンスの貴族の館の出で立ちなのは、虚偽が過ぎるというわけだ。

ロース自身、ウィーン市街地のミヒャエル広場に、装飾を削ぎ落とした「ロースハウス」（1911年、商業テナントビル）を設計し、また、郊外でも無装飾の個人住宅を連作で手がけた。同じウィーン郊外には、オーストリア工作連盟が1932年に企画したモダニズムの実験的な集合住宅群が残っており、ロースはそこでも無装飾の「白い箱」のテラスハウスを設計して、反装飾の立場を明確にしている。

また1922年に米国のシカゴ・トリビューン新聞社が開催した本社高層ビルの競技設計では、ドリス式の巨大柱をそのまま建築化した案を提案するなど、創作の面でも自らの主張を貫徹した。彼の過激な主張は、19世紀において根強かった様式復興が、建築近代化の妨げとなると感じていた若い世代の支持を得た。また、フランス革命から続く王権や帝政への社会主義的批判が、「装飾」を犯罪視する土壌を形成していた。その意味では、ロースはやがてモダニズムの巨匠たちが活躍する、地均しの役を果たしたのである。

誰もが認める近代建築の巨匠ル・コルビュジエ（1887-1965）の生涯を眺めるとき、自らの思考を社会的にアピールする巧みな論法と旺盛な広報活動について考え込まされる。スイスの時計職人の家に生まれたル・コルビュジエは、アカデミックな建築教育を受けずに建築家となり、抽象絵画でも知られた。パリを拠点に活動した彼は、巧みに言説を操り、「ドミノシステム」（1914）、「シトロアン住宅」（1922）、「新しい建築の5つの要点（近代建築の五原則）」「輝く都市」（1933）、「モデュロール」（1948）などを見事なキャッチフレーズとともに生み出した。自らの建築観を表明するときには記者会見を設営し、メディアの効用を最大限に活用した。20世紀がメディア社会であることを、彼は鋭く見抜いていた。

鉄筋コンクリートの躯体を、床と柱と簡便な階段にそぎ落として無限の建築量産システムを提示した「ドミノシステム」。その実践としての工業化住宅案は、フランスの自動車シトロエンをもじって、「シトロアン」と命名された。パリ郊外ポワシーで手がけた「サヴォア邸」（1931）は〈ピロティ〉〈屋上庭園〉〈自由な平面〉〈水平連続窓〉〈自由な立面〉の「5つの要点」を体現したものとされ、近代建築史の「金字塔」として扱われるようになった。黄金比を基調とする「モデュロール」も、機知あふれる命名が彼の思考を魅力的に演出した。

19世紀半ば以降のメトロポリスでは、

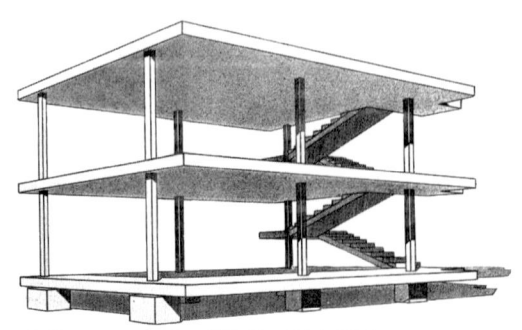

*3-23 ル・コルビュジエ「ドミノシステム」1914

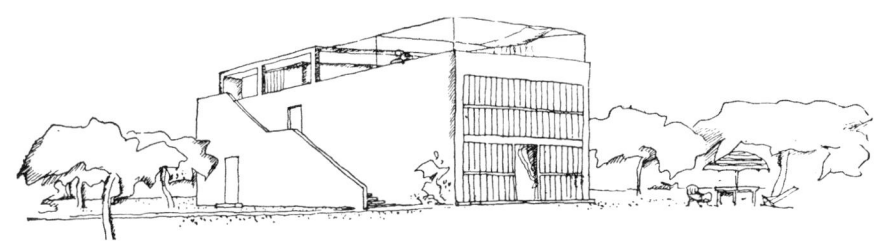

*3-24 ル・コルビュジエ「シトロアン住宅」

*3-25 ル・コルビュジエ「ヴォワザン計画」1922-30

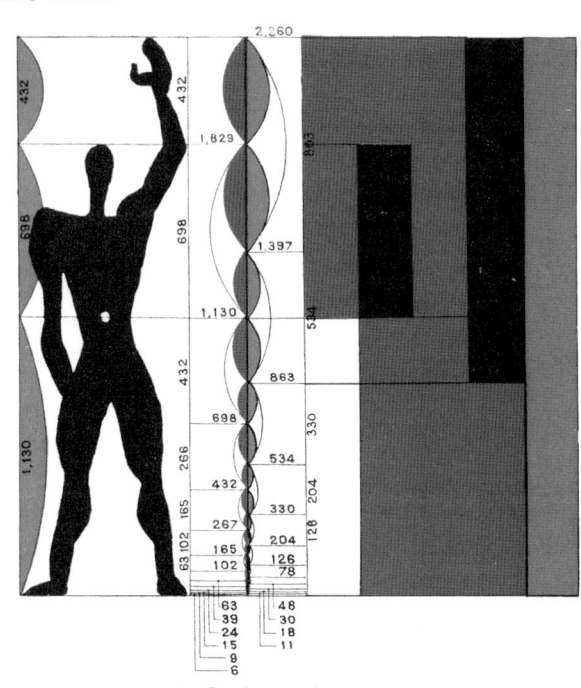

3-23〜26：
©FLC / ADAGP,
Paris & JASPAR, Tokyo, 2012
C0015

*3-26 ル・コルビュジエ「モデュロール」

第3章 ドイツ工作連盟からバウハウス、モダンデザインの成立へ

087　フォーディズム、メディア、警句の建築家

＊3-27, 28　ル・コルビュジエ「サヴォア邸」1931

❖コラム4 **カリガリ博士とメトロポリス**

　1919年に製作されたドイツ映画「カリガリ博士」は、国際市場での同国映画の商品価値を高めるとともに、パースペクティブを逆手にとった奇怪なセット(建築家ヘルマン・ワルム)によって、表現主義を世界に広める役割を果たした。

　地方の村の祭りに、妄想を秘めながら眠る男を見せ物とするカリガリ博士がやって来て、殺人事件を起こすホラー映画仕立ての物語。本来は、カリガリをドイツ帝国主義のシンボルとして指弾するシナリオだったが、映画化にあたっての受け狙いがその目的をぼやけさせ、かえって表現主義のめざす「いびつな様式」が浮かび上がった。

＊3-30「カリガリ博士」ポスター

＊3-29 ロベルト・ヴィーネ(監督) 映画「カリガリ博士」スチール

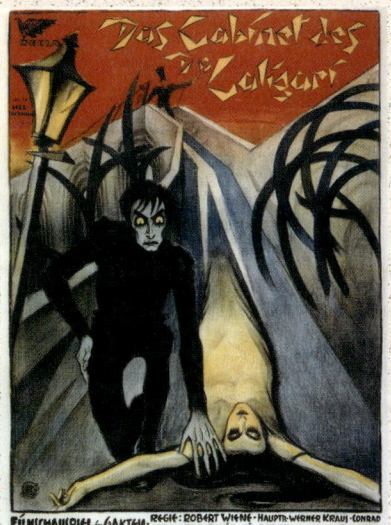

　ドイツ映画は1927年のフリッツ・ラング監督の「メトロポリス」で賛否の頂点を体験する。戦後の混乱期にオリジナルフィルムが失われたが、近年、ほぼ全容がわかる復原が実現した。人造人間や地下の巨大工場の機械などの仕立てが、ようやく正確にわかるようになった。

　支配階級と労働者の和解という楽観的な結末への批判は繰り返されてきたが、それよりも機械や科学技術のイメージが1920年代半ばにどのように社会に浸透していたかを知る作品となっている。ラングが製作にあたって、表現主義の建築家エーリヒ・メンデルゾーンを伴ってニューヨークを訪れた際のスケッチなどを見ると、現代にも通じる都市のイメージが確立されつつあったことがわかる。

＊3-31 フリッツ・ラング(監督) 映画「メトロポリス」ポスター

◆コラム5◆ **アムステルダム派**

　オランダの近代建築の最初の巨頭ヘンドリック・ベルラーへの作品は、煉瓦という土着の素材をそのまま率直な形で表現として使い、抵抗感の少ない「即物感」を体現している。このベル

＊3-32 ミケル・デ・クレルク
「エイヘン・ハールトの集合住宅」1919

ラーへの作品を、モンドリアンらデ・ステイルの面々は旧態依然のものと指弾した。ウィーンにおいて同時代の巨匠オットー・ワーグナーが実現していた幾何学的な「面」の構成による清新な建築に対して、ベルラーへの作品は確かに昔風な印象を与える。

　ベルラーへを半ば批判的に継承した「アムステルダム派」の作品を見るとき、ドイツ表現派の影響を、オランダの伝統的な素材によって生かし、立体表現として均衡のとれた造形に収めた能力の高さに驚かされる。近代建築史上でオランダ独自の表現として確たる地歩を占めているのも理解できる。

　夭折したデ・クレルク(1884-1923)の「エイヘン・ハールトの集合住宅」(アムステルダム、1920)は、さまざまな幾何学的な表現を重ね合わせ、表現主義への接近をうかがわせる。そして、この大胆な仕立ては、同じく社会福祉政策に基づく1930年代のウィーンの集合住宅群に影響を与えるなど、かつてのワーグナーとベルラーへへの評価を覆してみせた。

　デ・クレルクも設計に加わった、やはりアムステルダムの「海運協会ビル」(1916年、設計ファン・デル・メイら)の示した装飾性と幾何立体の合体は、フランク・ロイド・ライトに通じるモダニズムの建築における表現の多様性を直感させ、オランダ建築の豊潤な魅力を伝えている。

1900年代→1920年代

　新聞、雑誌、書籍などのメディアの出現と日常化が、思考の伝播の形態と速度を変容させた。それは「サヴォア邸」のような小住宅が、メディアの巧みな駆使で、マンハッタンにならぶ摩天楼よりも、世界規模で周知しうる状況を生み出した。ヨーロッパの歴史的街区を、モダニズムの中高層建築群で置き換える「300万人の都市」や「輝く都市」など実現を前提としない「空想的提案」が独り歩きしたのも、メディアの世紀ならではの建築と都市の姿であった。

　近代建築家とは、そうしたメディア主導下での社会の論調を操る「警句の使い手」であったと見なすことができよう。ル・コルビュジエとならぶ近代建築の巨匠ミース・ファン・デル・ローエ本人は、寡黙なひとであった。彼の絶対零度と称される禁欲的な美意識は「レス・イズ・モア」という三語の警句に集約されて流布した。これをのちに「レス・イズ・ボア」という警句で切り返したのは、近代建築批判の建築家ロバート・ヴェンチューリであり、巨匠も批判派も「気の利いた警句」で応酬し合ったのが20世紀だった。

　ミースが晩年に語ったとされる「ヴァルター・グロピウスの最大の功績は、バウハウスという呼び名を考えたことだ」という冷酷な皮肉。バウハウスのメディア宣伝的なもてはやされ方を前提に、ともにバウハウスの校長をつとめた2人の建築家の絶対

クロニクル[建築編]　　090

的な力量の乖離を、寡黙なミースが指摘したところが面白い。そして、そうした警句的な物言いが、実作以上に力を持ち、1920年代以降の建築を左右していった。

ミースは、ベルリンを拠点に活動していたヨーロッパ時代、新たな表現技法であるフォトモンタージュを活用して、自らの美学を社会的にアピールした。ベルリンの「フリードリッヒ通りの再開発計画案」では、ガラスの超高層案を、現実のフリードリッヒ通りで撮影された街区の写真に、重ね合わせる形で提示した。同じくベルリンの百貨店の計画案、シュツットガルトの銀行計画なども、やはり実写の都市写真に重ねる形で、無装飾の自作がモンタージュされた。

それは、ル・コルビュジエの素朴な「シトロアン住宅」の模型などと比べると先駆的であり、時代を先取りしたモダニズムの存在感を十二分に感じさせる。ル・コルビュジエがいわば「言説のひと」であったのに対して、計画案の表現技法でも、実作の存在感でも、他の巨匠たちを圧したあたり、ミースならではの同時代の表現メディアの駆使であった。

ナチスの支配を逃れて米シカゴにわたったミースも、フランスにとどまったル・コルビュジエも、彼らへの賛辞の大きさに見合う規模の作品を実現するのは、第二次世

❖コラム6❖ 未来派

1909年、詩人のフィリッポ・トンマーゾ・マリネッティが「未来派宣言」を発表し、それまで近代表現では後塵を拝してきたイタリアは、時代の先端表現を強く意識した芸術家を輩出する。近代国家統一の遅れが、新芸術の芽吹きを遅らせたが、20世紀に入り、マリネッティの綴った「疾走する自動車の美学」を至上の美とする思考が、若い世代の表現者の心をとらえ、イタリアのあらゆる表現芸術が文字通り「未来」を志向した。

建築ではアントニオ・サンテリアらが構想した「機械の宇宙」と呼ぶべき「未来都市」の構想案が相次いで発表され、その新奇さが革命期のロシア～ソビエト連邦に伝播して、ロシア・アバンギャルド、ソビエト構成主義に大きな影響を与えた。また、マリネッティは国家主義的な言説をとり、それがベニート・ムソリーニのファシズムと結びつき、ジョゼッペ・テラーニによる「カサ・デル・ファッショ」などのモダニズムの極限表現が実現した。同じくファシストのアドルフ・ヒトラーは、映画を除いては新表現を堕落の象徴として排除したが、イタリアでは逆の現象が起きたわけだ。

ともあれ、未来派が歴史の桎梏に悩まされてきたイタリアの建築、デザインを最先端まで押し上げた意義は大きい。第二次大戦後のジオ・ポンティらの活躍、1980年代のポスト・モダンにおけるメンフィスの台頭など、デザイン大国としての振る舞いが可能になったのは、未来派の遺産と受け止められる。

*3-33 アントニオ・サンテリア「新都市」1914

第3章 ドイツ工作連盟からバウハウス、モダンデザインの成立へ

フォーディズム、メディア、警句の建築家

＊3-34 ミース・ファン・デル・ローエ
「フリードリッヒ街超高層ビル案」1922

界大戦後まで待たねばならなかった。現実のヨーロッパは1914年から1918年にかけての第一次世界大戦で疲弊し、主要国の最後の帝政だったオーストリアから有力な建築のパトロンのハプスブルク家も追放された。ロシア革命(1917)によって、ヨーロッパの国家的な力の均衡と枠組みは激変を余儀なくされ、不安定な状況が持続した。

フランス革命以降続いた社会の価値基準の崩壊は極致に達し、19世紀の牧歌的なゴシック・リバイバルの出番は失われた。ドイツにおける表現派、イタリアにおける未来派など、心理的な激情や過去との過剰なまでの決別に、ヨーロッパの建築は傾いていった。第一次世界大戦後のドイツのワイマール共和国時代に顕著だったように、極度な社会不安は刹那的快楽を追い求める風潮を助長し、その片側で社会主義や共産主義による一気呵成な革命を求める心情が社会の混乱を助長した。

それを不安の世相と呼ぶのか、百家争鳴による活況ととらえるのか、20世紀の幕開けからの四半世紀は、第一次世界大戦の被害から遠いところにいた米国の台頭と、ヨーロッパの疲弊と不安という構図のなかで過ぎていった。それでもファシズムの軍靴の響きはまだ遠かった。

冒頭で触れたフォードの建築家アルバート・カーンは、自身の成功を噛みしめるかのように、デトロイトの街角を舞台に、彼が青年時代に見聞したヨーロッパの歴史様式を折衷させた様式的な建築群を手がけて、新興都市に品格を持たせる建築家の「責務」の遂行に力を注いでいた。それは先進的な工場建築とは似ても似つかぬものであった。

そうした「二面性」は、モダニズム前夜のよい意味での逡巡を物語っていよう。前代の遺産を継承しようとする近代の謙虚さが20世紀の幕開けにはまだ辛うじて生き残っていた。

デザイン／近代建築史
The History of Design / Modern Architecture

第 4 章
1920年代→1940年代

アール・デコ
〜ヨーロッパからアメリカへ

時代概要　　　　　1920年代→1940年代

消費の拡大とアメリカの貢献

　1920～30年代を「都市の時代」と呼ぶのを誰もが躊躇しまい。ヨーロッパのパリやベルリン、米国のニューヨーク、そして、アジアの東京や上海は、狂騒の都市文化の熱気に包まれた。それは、初めは、第一次世界大戦が終わった安堵感を引き金とし、次には戦争終結後に露呈した数々の社会の歪みから目を逸らすかのような、なかば自棄っぱちの喧騒だった。すでに、デザインという概念は定着し、表現芸術は前世紀末のアール・ヌーボーの大流行をやり過ごし、次なる大波に乗ろうとしていた。

　アール・デコ。それこそが待望のビッグウェーブだった。アール・ヌーボーが世紀末ゆえの歪んだ心理の産物であったのに対して、アール・デコは正面きった「消費の様式」として姿を現した。アール・ヌーボーの不規則な生物曲線ではなく、流体力学の規則性が貫徹された「面」の造形。「線」から「面」への展開は、工業という反復を大前提とする生産システムにとって身を添わせ

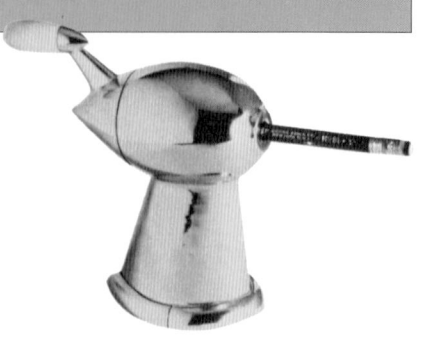

★4-2 レイモンド・ローウィ「鉛筆削り」1934

やすい転換だった。よって、アール・デコは、近代最大の流行様式となったのである。

　シカゴからニューヨークへと拠点を移した摩天楼群は、構造と設備の技術発達の所産として、明確な「天を突く」形態で、新しい世紀に似つかわしい上昇志向を体現した。そして、それらは工業の粋内で飾りたてられた。広大な国土の米国に似つかわしい自動車産業の本拠である「クライスラー・ビルディング」の垂直性と装飾性を開花させた姿は、ニューヨークを舞台に展開された1920～30年代のあらゆる都市文化を象徴する華麗さに満ちている。

　ニューヨークを舞台にしたミュージカル映画などが創作され、映画産業の手で全世界へと流通していった。1929年の大恐慌までの自由放任の経済政策は、文字通りのバブルをつくりだし、ひとは消費に狂奔、食に贅をつくし、快楽の追求に明け暮れた。20世紀の時代の思惟というべき「速度と移動」は、金融や消費産業に従事するひとびとの心

★4-1 レイモンド・ローウィ「ペンシルバニア鉄道の機関車 K4s」1936

★4-3 ルイ=イポリット・ボワロー 装飾芸術近代産業国際博覧会「ボン・マルシェ百貨店」1925

をとらえ、自動車も東海岸の主要都市を結ぶ列車も、流線形を身にまとった。アール・デコは都市を構成する装飾的な摩天楼から、都市交通手段の速度感のイメージを流用した身近な家庭電化製品や文具に至るまでを覆いつくした。まさに「都市の意匠」であった。

アール・デコは、もともとは1925年、パリで開催された装飾芸術近代産業国際博覧会の中心様式とされる。その会場で「ガラスの噴水」を手がけたルネ・ラリックは、アール・ヌーボーの工芸家として知られており、こうした点からもヨーロッパにおける世紀末と第一次世界大戦後の二つの流行様式は、共通性を持っていた。しかし、アール・デコを開花させたのは、大戦の舞台とならず工業力を圧倒的に高めた米国であり、アール・ヌーボーとは異次元の工業の養分を吸い、ハリウッドに代表される圧倒的な消費文化によって拡大急成長した。

米国発の映画が世界に送り届けられるようになると、米国流のアール・デコは映画館の様式として世界の都市を彩った。パリの映画館までもが競うようにアール・デコで装われた。それはベル・エポックのパリが世界の流行を牛耳った状況を、米国が覆した証しでもあった。アール・デコで彩られた世界の大都市は、消費の加速を追い風に文化的な狂騒をきわめた。そして、世界は過酷な次なる戦争の時代に突入していく。

★4-4 ヘンリー・ドレイファス「ルミナス・ワールド」

1920年代–1940年代

年	出来事(展覧会/グループ/都市)	作品(デザイン/建築/出版)	社会
1920年		V.タトリン「第三インターナショナル記念塔」計画(露) P.モンドリアン『新造形主義』	国際連盟成立
1921年		E.メンデルゾーン「アインシュタイン塔」(独)	
1922年	シカゴ・トリビューン設計競技(米)	ミース・ファン・デル・ローエ「フリードリッヒ街超高層ビル案」(独)	ソビエト連邦成立 ムッソリーニ、ファシスト党内閣成立(伊)
1923年		ル・コルビュジエ『建築をめざして』 F.L.ライト「帝国ホテル」(日)	関東大震災
1924年		G.リートフェルト「シュレーダー邸」(蘭)	A.ブルトン「シュルレアリスム」宣言
1925年	バウハウス・デッサウへ移転開校(独) 装飾芸術近代産業国際博覧会(仏)	ル・コルビュジエ「ヴォワザン計画」 M.ブロイヤー「ワシリーチェア」	
1926年	フィラデルフィア万国博覧会(米)		
1927年		B.フラー「ダイマキシオンハウス」(米) 映画『メトロポリス』	ハイゼンベルグ「不確定性原理」
1928年	第1回CIAM開催(スイス)	『ドムス』創刊(伊)	スターリン「第1次5カ年計画」
1929年	MoMA開館(米ニューヨーク)	ミース・ファン・デル・ローエ「バルセロナパビリオン」(スペイン)	世界大恐慌
1930年		W.ヴァン・アレン「クライスラー・ビルディング」(米)	
1931年		シュリーブ、ラム、ハーモン「エンパイアステート・ビルディング」(米) ル・コルビュジエ「サヴォア邸」(仏)「ソビエト宮競技設計案」	満州事変
1933年	バウハウス、ベルリンで閉鎖 シカゴ万国博覧会「進化の一世紀」(米) 第4回CIAM総会「アテネ憲章」採択 B.タウト来日	N.ゲディーズ「空中レストラン計画」(米)	ヒトラー独首相就任 ニューディール政策(米) 日本、国際連盟脱退
1935年		R.ローウィ「コールドスポット」(米) W.ベンヤミン『パサージュ論』	
1936年		F.L.ライト「落水荘」(米)	スペイン内乱 2・26事件
1937年	パリ万国博覧会「近代生活の芸術と技術」 ナチスによる「退廃芸術」展(独) ミース・ファン・デル・ローエ、アメリカ移住		日中戦争
1938年		H.ドレイファス、「20世紀特急」の流線型車両をデザイン(米)	
1939年	ニューヨーク万国博覧会「明日の世界」	N.ゲディーズ「フューチュラマ(GM展示館)」(米)	第二次世界大戦

クロニクル………………デザイン編　　　c h r o n i c l e

モダンライフを切り拓くデザイン

シカゴ万国博覧会・
ニューヨーク万国博覧会

　1920年代から30年代にかけてのいわゆるマシンエイジ(機械時代)は、デザイナーや建築家、都市計画家などによって、さまざまな未来像が描かれた時代であった。のちの1980年代に、ウィリアム・ギブスンがSF短編小説の中で、この時代のアメリカのデザイナーたちはポピュリストだったのだと書いている。なぜなら、彼らはいつも未来のイメージを描こうとしていたのであり、未来のイメージこそ大衆がいつも望んでいたものだからだという。

　アメリカのデザイナーばかりではなく、ロシア・アバンギャルドやバウハウスのデザイナーたちもまた、この時代に未来のユートピアを夢見ていた。世界中のデザイナーや建築家、そして都市計画家が未来のイメージを描こうとしていたといえるだろう。

　アメリカでは、未来のイメージはとりわけ万国博覧会において鮮明に示された。

　1930年代、アメリカでは二つの大きな博覧会が開かれている。ひとつは、シカゴで1933年から34年にかけて開催された「進化の一世紀」である。もうひとつは、1939年から40年にかけて行われたニューヨーク・ワールズ・フェア「明日の世界」だ。博

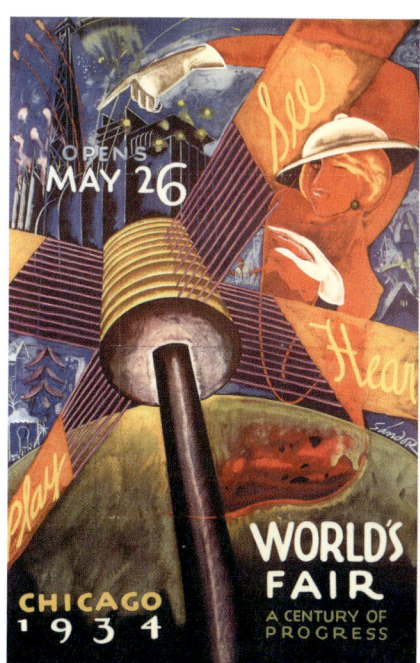

✤4-5　サンドール
「シカゴ万国博覧会」ポスター　1934

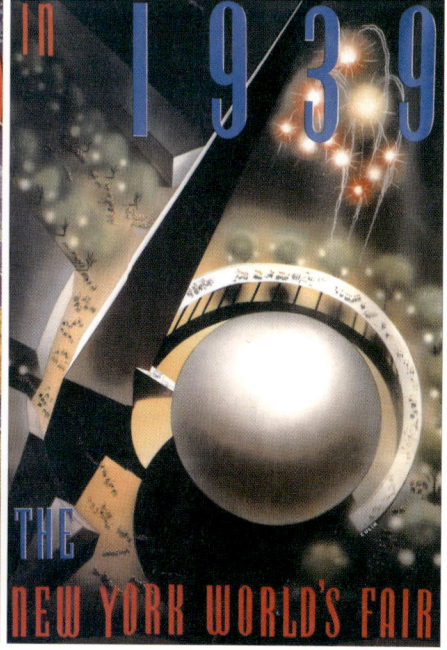

✤4-6　ネンバード・キューリン
「ニューヨーク万国博覧会」ポスター　1939

覧会の目的のひとつは1930年代の経済不況を気分的に吹き飛ばすことにおかれていた。

これらの博覧会で、インダストリアルデザイナーの果たした役割は大きかった。アメリカでインダストリアルデザイナーという職業が成立し始めたのは1920年代末から30年代にかけてのことであった。当時、活動し始めたデザイナーには、レイモンド・ローウィ、ノーマン・ベル・ゲディーズ、ウォルター・ドーウィン・ティーグ、ヘンリー・ドレイファスといったひとたちがいる。彼らを、今日では、アメリカの第一世代のインダストリアルデザイナーと呼んでいる。

インダストリアルデザインがアメリカで

❖4-7 アルベルト・シュペーア
パリ万国博覧会「ドイツ館」1937

❖4-8 ボリス・イオファン
パリ万国博覧会「ソビエト館」1937

❖コラム1 **ファシズムとコミュニズム**

1937年のパリ万博は異様な雰囲気のもとでの開催だった。主催者による展示館の意図的な配置が、会場に緊張感をもたらしたのである。会場はセーヌ川を挟んだシャイヨー宮とエッフェル塔を結ぶ軸線沿い。シャイヨー宮側からエッフェル塔を望む方向に撮影した夜景を見ると、セーヌの間際で、左に「ソビエト館」、右に「ドイツ館」が聳え立ち、両者は一歩も譲らぬ勢いで向き合っている。

ソビエト館の屋上では、鎌と槌を掲げた社会主義リアリズム調の男女の彫像が、胸を張って、あたかもドイツ館を威圧するかのようなポーズをとっている。ドイツ館は、ヒトラーのお抱え建築家アルベルト・シュペーアが設計したもので、屋上にはハーケンクロイツの紋章にツメをかけた金色の鷲が配された。シュペーアは回想録のなかで、ソビエトの突進を阻止する構成を採ったと記している。政治状況そのままの両館の出で立ちだった。

つまり、ヨーロッパは緊張の真っ只中にあり、ドイツの全体主義とソビエトの共産主義が衝突することへの危機意識が広がっていた。博覧会場は、すでにそうした政治宣伝の場であり、それを意識した両国、そして、会場構成に緊張感を反映させたフランスの「意地悪な知性」も読み取れるだろう。

このあと39年にニューヨークで開かれたワールズ・フェアは、米国資本主義の大宣伝の場となった。世界大戦の帰趨を重ね合わせて、博覧会を回顧するのは興味深い。

ビジネスとして成立したことは、製品のモデルチェンジによって市場を獲得するという方法がアメリカでとられ始めたことと関わっていた。それもまた、大恐慌下の市場の活性化をひとつの目的にしていた。

シカゴとニューヨークの博覧会は、第一世代のインダストリアルデザイナーにとって、それまでとは比較にならないほど大きな仕事が与えられるチャンスとなった。

なかでも、ノーマン・ベル・ゲディーズが博覧会で果たした役割は大きかった。ゲディーズは、1927年、インダストリアルデザイナーの仕事を始めたばかりだった。シカゴの博覧会では、ゲディーズは建築委員会からコンサルタントとして招かれている。

19世紀の博覧会が、ものを集積させることで世界をとらえようとする意識を反映していたとすれば、1933年のシカゴ博と1939年のニューヨーク万博に代表される博覧会は、ものとテクノロジーによっていかなる未来の夢のイメージ（ユートピア）を描きうるかという、未来感覚を反映していた。しかも、その未来感覚は同時代の国家の力の誇示ということと不可分の関係にあった。

ふたつの博覧会では、科学と技術によって支えられたデモクラシー、資本主義、そして、消費社会の未来を示すことがテーマとなった。つまり、資本主義と消費社会がいかに素晴しい未来を約束するかを目に見えるものにし、またその実現を約束することを示した。

ゲディーズはシカゴ博のために、未来的なイメージを持った3つのレストランの計画を提示した。「アイランド・ダンス・レストラン」「アクエリアム・レストラン」そして「エリアル・レストラン」の3計画である。アイランド・ダンス・レストランは566,000平方フィートの人口島の計画である。そしてアクエリアム・レストランはちょうどダムのような形態を持ったやはり水の中につくられたレストランだ。そして、3つの計画中、最も空想的であったのは、エリアル・レストランであった。このレストランは中心に円筒形の柱があり、その上に3層の構造物がのっている。その構造物がレストラン空間として使われる。見た目には、空中に浮かんだようなデザインになっている。レストランが空中で回転するというアイデアであった。そのデザインは、ロシア・アバンギャルドのヤコフ・チェルニホフの空中建築に似ている。まさに、幻想の建築である。実際、彼はロシア・アバンギャルドのデザインに興味を持っていたふしがある。ただこのゲディーズの計画は、実現されなかった。

1939年に開催されたニューヨーク万博のテーマ館を設計したのはドレイファスであった。ドレイファスは「デモクラシティー」（Democracity、デモクラシーとシティの合成語）と名付けた未来都市を構成した。この展示は中心に未来の都市の模型を構成し、その回りに動くバルコニーをつけ、観客はこのバルコニーに乗ってひと回りするという仕掛けになっていた。また、ローウィはクライスラー・モーター館と鉄道館のふたつの展示に関わった。また、ティーグはナショナル金銭登録機の展示館を担当した。

こうした展示のなかで、ゲディーズが担当したゼネラル・モーターズ(GM)の展示館「フューチュラマ」が最もこの博覧会の意図を的確に表現していた。「フューチュラマ」はフューチャーという言葉とジオラマという言葉の合成語である。

この展示は、入り口から移動椅子（ムービングチェア）に乗って、展示を見る。この展示方法は、その後のディズニーランドのショーケースの見せ方に引用されること

♣4-9 ウォレス・ハリソン、
アンドレ・フォールオウクス
ニューヨーク万国博覧会テーマ館
「トライロン」と「ペリスフィア」1939

♣4-10 ヘンリー・ドレイファス
ニューヨーク万国博覧会「デモクラシティー」1939

♣4-11 ノーマン・ベル・ゲディーズ
ニューヨーク万国博覧会「フューチュラマ」
記念冊子 1939

♣4-12 移動椅子に乗って「フューチュラマ」を鑑賞するひとびと

1920年代→1940年代

クロニクル[デザイン編]

✤4-13 「フューチュラマ」組み立て作業のようす

た。中に入るとナレーションが流れる。
「あとわずかでわたしたちは、明日の世界の風景の一場面となる、街路の交差点に着きます……1960年の世界……1939年は20年前です」

　ゲディーズが「フューチュラマ」で見せた都市のイメージは、実のところ、独自なものではなく、建築家のル・コルビュジエによるパリのヴォワザン計画(1925)のアイデアに影響を受けていた。彼はヨーロッパのモダン・デザインにきわめて通じていた。

　ゲディーズは、1960年代の都市を太陽の日差しと緑と新鮮な空気にあふれた都市というイメージによって描いた。巨大な建築、ハイウエー、そしてそのハイウエーを流線形のクルマが走っている。このハイウエーは谷、湖、村などから大学地区、商業地区、工業センター、郊外、住区を結んでいる。また、クルマにはラジオ電波によって情報を与える。また、実験農場などもある。つまり、さまざまな施設をユニットとして構成し、それをハイウエーで結んでいるのである。これがフューチュラマの展示

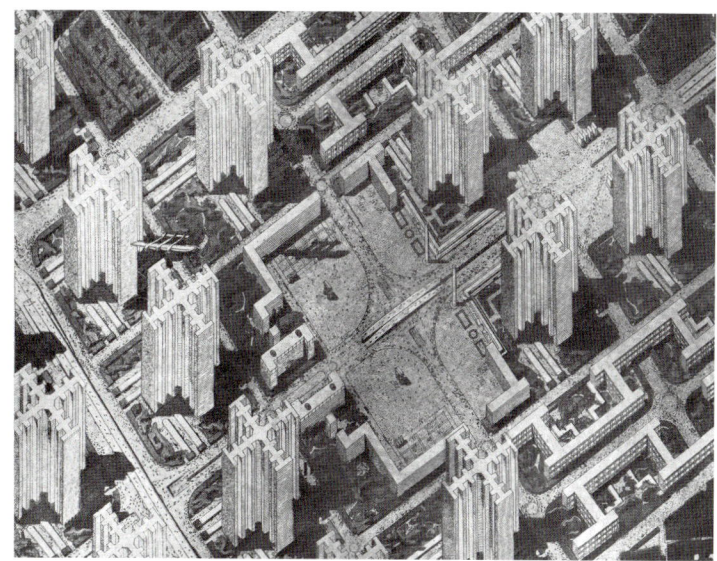

になった。また、このジオラマを製作したゲディーズのグループは、第二次大戦中、日本本土の都市爆撃のためのシミュレーション装置を製作している。彼らは、精密な日本都市のジオラマを製作した。

　フューチュラマの移動椅子でのショーは、始まりから終わりまでが15分。そこには1960年の都市のジオラマがつくられてい

✤4-14 ル・コルビュジエ「ヴォワザン計画」1925　©FLC / ADAGP, Paris & JASPAR, Tokyo, 2012 C0015

第4章 アール・デコ 〜ヨーロッパからアメリカへ

101　　モダンライフを切り拓くデザイン

✤4-15「フューチュラマ」展示模型

ミュニズムとファシズムに対抗するための未来のユートピアを描かなければならなかった。

同時代に、ドイツのナチスは、アウトバーンに見られるような都市的なインフラストラクチャーを建設して見せた。ソビエト連邦の社会主義も工業都市という未来のイメージをつくろうとしていた。まさに、近代国家のイデオロギーが、互いに明るい未来イメージをめぐって闘争していたのである。イデオロギー闘争がユートピアのイメージをめぐって争われたといえるだろう。

であった。

そこに現れてくるユートピアのイメージはマシンテクノロジーの力を背景にしたメガロポリスと、「太陽・緑・空気」という田園都市のイメージを結合しているものであった。結局、19世紀に描かれたユートピアのイメージを参照していた。

1930年代のアメリカの博覧会では、コ

第一世代のデザイナー

レイモンド・ローウィ、ノーマン・ベル・ゲディーズ、ウォルター・ドーウィン・ティーグ、ヘンリー・ドレイファスといった、20年代から30年代に登場してきたアメリカの第一世代のデザイナーは、デザインの専門教育を受けたひとびとではなかった。彼らは、当初、ブロードウェーの舞台デザ

✤4-16 レイモンド・ローウィ 1893-1986

❖コラム2❖ 20世紀特急

「20世紀特急」。その呼び名自体が「速度と移動」の世紀の夢を体現している。1902年の開業。結んだのは2つの摩天楼都市ニューヨークとシカゴ。所要時間は20時間で、それでも従来からは4時間の短縮だった。資本主義の権化、米国にあって、ニューヨークセントラル鉄道が運営した列車は、ビジネスの最前線に位置する男や女たちを魅了し続けた。

1938年、当時の人気デザイナー、ヘンリー・ドレイファス(晩年にポラロイドのSX-70カメラを手がけたことでも知られる)がデザインした流線形車両が導入される。称して「新20世紀特急」。ライバルのペンシルバニア鉄道は、やはりトップ・デザイナーのレイモンド・ローウィによって流線形の車両で「速度感」を演出した。当時の同社のパンフレットには、そうした車両を揃えた陣容を「モダニズム艦隊」という表現で宣伝している。

両社は、車内の内装も流行のアール・デコを取り入れて、ファッショナブルに仕立て上げた。一線のビジネスマンらを獲得するには、新時代を直感させる「デザイン」こそが鍵になるとの考えが、米国の1930年代の鉄道を、最先端の表現の舞台にした。

第二次世界大戦後、航空機の発達とモータリゼーションの拡大で、米国において鉄道が斜陽産業となっていく結末を、その時代の誰が予測し得ただろうか。徒花と呼ぶには立派すぎる大輪の花だった。

❖4-17 ヘンリー・ドレイファス 1938年の「20世紀特急」

インやショーウィンドーのデザインなどを手がけていた。したがって、彼らは、商品とその環境を演出することに慣れていたといえるかもしれない。

たとえば、フランス生まれのレイモンド・ローウィは当初、電気工学を学んだが、第一次大戦後、1919年にニューヨークに移住する。そしてメイシーズ百貨店のウィンドーの飾り付けの仕事などをすることになった。その後、ファッション誌『ハーパース・バザー』などでイラストレーションを描いたり、グラフィックデザインの仕事を手がけたりしていた。

彼が、インダストリアルデザインの仕事を始めたのは、ほとんど偶然といっていい。29年、ジグムント・ゲシュテットナー社の複写機をデザインしたことに始まる。ローウィが手がけたことは、それまでの外観をリシェイプ(リデザイン)したことであった。具体的には、内部機構がむき出しになっていたものに、小綺麗な外観のカバーをつけたのである。このリデザインによって、複写機は市場を獲得することになる。こうした事例は、外観のデザイン、つまりスタイリングによって新たな市場が獲得できるという認識を生み出していくことにつながった。そして、やがて、商品をいかに演出していくかということがインダストリアルデザインの実践となり始めたのである。こうした外観のモデルチェンジによって市場を獲得していくというアイデアは、経済不況の中にあって、技術革新ができないにもかかわらず、技術革新が行われたかのように見せるためのマーケティングの手法から

出てきたものであったといえる。

1935年にローウィが手がけたシアーズの冷蔵庫「コールドスポット」のデザインは、さらに象徴的であった。ローウィは冷蔵庫に新しい外観を与えることで新たな消費を生み出そうとしたのである。モデルチェンジによって工業製品の市場のあり方を人工的につくり出していくことは、グレゴリー・ヴォトレイトによれば、それ以前からファッション産業が行っていたことをモデルにしたのだという(1)。

また、重要なことは、ローウィはその後のインダストリアルデザインの方法論を生み出したことだ。彼は、冷蔵庫からグレイハウンドのバスにいたるまで、原寸でクレイを使ってモデルをつくるというデザインの方法を生み出したのである。

他方、第一世代のデザイナーのなかで、ヨーロッパの状況や、歴史的知識が豊富だったのは、ゲディーズである。彼は、ヴァーツラフ・フォミッチ・ニジンスキーやセルゲイ・エイゼンシュタインなどのロシアのパフォーミングアートや映画にも注目し

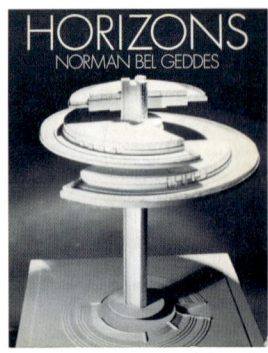

✤4-18 ノーマン・ベル・ゲディーズ『ホライズン』初版1932

✤4-19 ノーマン・ベル・ゲディーズ アクセル・ヴェナー＝グレンのための小型帆船

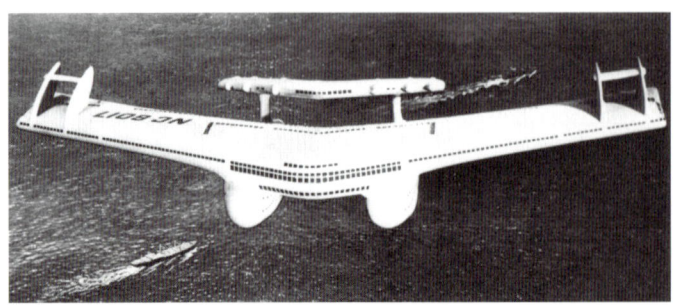

✤4-20 ノーマン・ベル・ゲディーズ「エアクラフト・ナンバー4」1929

ていた。また、革命後のソビエト連邦の可能性に目を向けていた。1932年には、著作『ホライズン』を刊行した。ここでは、オーシャン・ライナーやエアクラフト・ナンバー4、あるいは「空中レストラン」などのシカゴ万博での彼のプロジェクト、また、大穀物倉庫や発電所など巨大計画に関する未来のデザインなどが語られている。

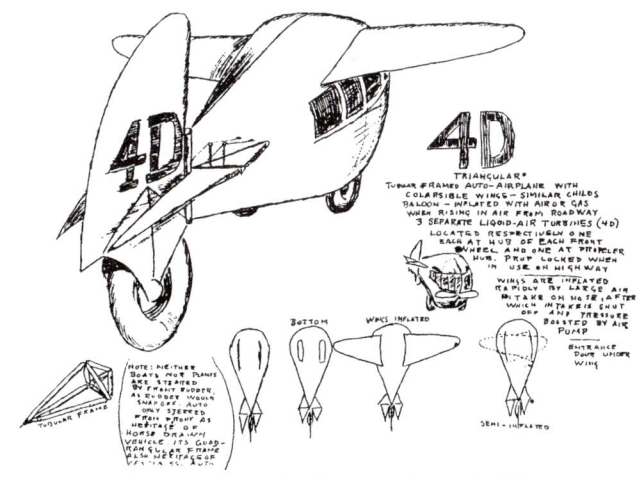

✤4-21 バックミンスター・フラー スケッチ「4D Auto-Airplane」1928

また、この時代に、ローウィと同様、流線形のデザインを多く提案している。

流線型

　第一世代のアメリカのデザイナーが生み出したデザインのなかでも、もっともよく知られているもののひとつに、「流線形」がある。第一世代のデザイナーが活動を始めた1930年代は、「流線形の時代」であったといってもよいだろう。それは40年代にもさかんに使われたスタイルである。

　近代においては、「速度」は圧倒的な価値とされてきた。高速度の生産、高速度の消費、ものも情報も高速度で移動しなければならない。政治闘争の特別な形態としての戦争は、すべてが速度の闘争であるとすらいえる。弾丸は高速度で撃ち込まれることで殺傷が可能となる。つまり、小さな金属の塊から戦闘機にいたるまで、高速で移動することで戦争機械としての有効性を高めることになる。

　移動装置の速度を高めるためには、空気の物理的な抵抗（風）を回避する必要がある。このことが、具体的には「流線形」のデザインとして現れることになった。移動装

✤4-22 レイモンド・ローウィが塗装をデザインした大統領専用機「エア・フォース・ワン」

置が流線形に最初にデザインされたのはいつなのか。明確にはわからないが、ジークフリート・ギーディオンによれば、すでに1877年には鉄道列車にチューブ状形態が見られるという(2)。流線形のデザインは「流体力学（ハイドロダイナミックス）」「空気力学（エアロダイナミックス）」という概念を基礎にしている。「流体力学」というタームは、スイスの数学者・物理学者のダニエル・ベルヌーイが1738年に出版した本の中で、流体静力学（ハイドロスタティックス）と水力学（ハイドロリックス）の科学との関わりで使っているとドナルド・J・ブッシュは指摘している(3)。しかし、こうしたタームが出現した当時、船体のデザインは相変わらず直感によっていた。1809年にイギリスの工学者ジョージ・ケイリーが「最も抵抗が少ない本当の形態」ということで、自然に目を向け、泳ぐ動物と飛ぶ動物の形態に注目した。ドイツでは、1897年に飛行船「ツェッペリン」の飛行テストが行われているが、この形態は葉巻形（流線形）であった。つまり、流線形が移動体のデザインにふさわしいことは、19世紀から20世紀の初頭にかけてすでに知られていた。

しかし、流線形が実際に一般化しはじめるのは1930年代のことだ。それは、流線形の持つ工学的理由であるよりは、イメージに人々が魅了されたからだといえるだろう。流線形のデザインが移動体のデザインとして効率的であることは、早くから知られていても、それが一般化しなかったのは、それが速度のイメージに結びつかなかったためだろう。1930年代のアメリカで、流線形が時代のデザインとなったのは、当時、日常生活に浸透していった新しいテクノロジーとしての機械にそれらのデザインが与えられたということが要因としては大きい。

最もよく知られているのは、34年に出現した、シカゴ・バーリントン・アンド・クインシー鉄道で波状アルミ板を使った流

❖コラム3 ❖ **ダスト・ボウル** ❖

1930年代の米国を考えるときに、「ダストボウル(砂嵐)」のもたらした被害について語るのを避けては通れまい。1929年に世界大恐慌で金融を中心に経済に大被害が及んだあと、1930年代に入ると中西部の農村地帯を「砂嵐」が繰り返し襲い、農地は堆積した砂で荒れ果てた。折から、企業が農業に手をのばしてきた時期にもあたり、開拓時代以来の農村の安定した暮らしは激変を余儀なくされた。

ジョン・スタインベックの『怒りの葡萄』にある通り、企業はトラクターなどの「機械」を農業に積極的に導入し、非効率な小作による作業の駆逐をはかりつつあった。「砂嵐」の発生回数は1932年に14回、33年には38回にも達したとされる。最大のものは35年4月14日に来襲し、空は砂塵で真っ暗になり、水平線が見えないほど荒れ狂った。この日を「暗黒の日曜日」と呼ぶ。

1920～30年代のアール・デコの時代は、都市の馬鹿騒ぎと農村の疲弊という「天国と地獄」の同居のなかで展開された。農地を失った農民は、カリフォルニアの農園のオレンジなどの摘み手を募集する誇大広告を信じて、農地を売り払ってトラックを買い、家族全員と家財道具を積んで西海岸をめざしたが、スタインベックの小説に描かれたような悲劇が待ち受けていた。ルーズベルト大統領の雇用拡大を眼目とした「ニューディール政策」のもうひとつの背景としても、この自然異変を認識する必要がある。

❖4-23 砂嵐に追われた家族

線形の列車「パイオニア・ゼファー」である。軽金属を使い、重量の面でも軽量化をはかっていた。この列車は、ディーゼルエンジンという新たな技術を内蔵しており、流線形はそれにふさわしい外観デザインとされたのだ。

　ゼファー号は、デンバーからシカゴまでの1,000マイルをノンストップで走り、時速120km以上を記録した。この列車の一部は、シカゴ万博「進化の一世紀」に展示され、200万人以上の人々がこれを見た。ゼファー号の流線形は、まさに新しいモダンなテクノロジーの象徴として大衆に受け入れられたのだろう。

　また、移動体としては、自動車のデザインにたちまち流線形が導入されることになった。ローウィは、同時代に「進化のチャート」という、デザインの進化を示す図をつくっている。その図のなかでも、かつてのT型フォードに代表されるような自動車のデザインから、同時代の流線形、さらにそれが特徴的になっていくことを暗示している。ここで面白いのは、こうしたチャートを見ていると、T型フォードは大量生産を可能にしたデザインという点で、歴史的なものであるにしても、その形態は決して新しいものではなかったということだ。四角いT型フォードは、自動車以前の移動装置である馬車のデザインをそのまま踏襲しているのである。しかし、流線形の自動車は、それまでの馬車とはまったく関わりのないデザインになっている。したがって、流線形の出現によって、自動車は初めて自動車独自のデザインとなったのだといえるだろう。

アール・デコ

　アール・デコの名称は1925年にパリで開催された装飾芸術近代産業国際博覧会（通称アール・デコ展）「L'Exposition Internationale des Arts décoratifs et Industriels Modernes」の名称からとられている。また、この博覧会の開催の年をとって、アール・デコを「25年様式」と呼んだりもする。

　この博覧会の会場は、交通や景観を考慮してパリの中心地が選ばれた。アレクサンドルⅢ世橋やグラン・パレなどを使って行われた。ちなみにグラン・パレの会場は33,000m^{2}の展示スペースが使われた。オーストリア、ハンガリー、日本、ソビエト連邦などの国が参加した。しかし、ドイツは第一次大戦の敵国であったことを理由に招待されなかった。

　この博覧会には、ジャン・ピュイフォルカやレイモン・タンプリエといったフランスの同時代のデザイナーの装飾的なデザインが展示されるとともに、一方では、不評を買いつつも、非装飾的なル・コルビュジエ設計の「エスプリ・ヌーボー」館が参加していた。エスプリ・ヌーボー館は、量産可能な機械的イメージを持っていた。また、ソ連はロシア・アバンギャルドのデザイナーであるアレクサンドル・ロトチェンコのデザインした「労働者クラブ」が展示された。

　アメリカは、この博覧会のプログラムに恐れをなして、辞退した。ハーバート・フーバーは、アメリカにはモダン・アートはないからだと説明している[4]。つまり、この博覧会正式名称にモダンという言葉とアートという言葉が使われていたからだ。

　実際にはアール・デコはアメリカの都市で圧倒的な広がりをもって展開されたのであるが、「モダン」という言葉の意味を取り違えていたのだろう。

　この博覧会に出展されたものの貸与品の巡回展覧会が、1926年にアメリカで行われた。巡回展はニューヨークのメトロポリタン美術館から始まった。翌年、メイシーズ

百貨店がアール・デコのデザイナーを集めて、「商業におけるアート(Art in Trade)」という催しを構成した。モダン・デザインというテーマは鳴り物入りで語られたので、アメリカでは現代芸術、よりシンプルなもの、現代的なものとして知られるようになった。また、フランスからアメリカに移住していたレイモンド・ローウィは、アール・デコ博を開催したフランスからやってきたデザイナーであることを意識的に強調していた。

　アール・デコは、アール・ヌーボー以上に、はるかにインターナショナルな広がりをもって、同時代の都市に流行した。それは、アール・ヌーボーの時代よりもさらにメディアが発達したことと関わっていたといえよう。たとえば、映画やグラフィック、そしてラジオなどの多様なメディアが広がっていた。

　しかし、アール・デコの装飾は、かつてのゴシックやバロックのような様式的な統一があるわけではない。また、アール・ヌーボーのように様式的な総合性を求めたわけでもなかった。

　それは、過去の装飾から同時代の芸術に表れたさまざまな芸術運動や多様な地域の装飾を自在に引用し、混合したものであった。したがって、たとえば古代エジプトの装飾やアスティカ模様などに表れるモチーフ、日本の漆、アール・ヌーボー、あるいは同時代のロシア・アバンギャルドのスタイルやキュビスムのスタイルを奔放に引用し混在させて使っていた。また、それは小さな化粧用のコンパクトからニューヨークのクライスラー・ビルディングのような摩天楼にいたるまで表れた装飾だった。そしてそれは、パリ、ロンドン、ベルリン、ニューヨーク、ロサンゼルス、東京、上海など、世界中の消費都市に広がった。

✤4-24 ルイ＝イポリット・ポワロー
装飾芸術近代産業国際博覧会「オルセー門」
1925

✤4-25 アンリ・ソバージュほか
装飾芸術近代産業国際博覧会
「プランタン百貨店プリマヴェラ館」内観　1925

クロニクル……………建築編　chronicle

政治と商業の狭間に揺れた最後の装飾様式アール・デコ

　消費、そして商業主義、それにどう対処するのか。19世紀半ばのパリ、ロンドン、ウィーン、そしてベルリンという近代都市＝メトロポリスの出現を受けて、建築家たちは新たな課題を背負うことになった。既存の学術体系に準じた建築教育は権力機構のための価値観に根差していて、メトロポリスの主役となった都市遊民＝大衆は視野の外にあった。大衆が関心を持つ流行のような「移ろう概念」は、千年王国建設を前提とする既成の建築観の埒外だった。だが、現実には、建築の発注主である資本家層は、新たな顧客として大衆を想定せざるを得ない状況を認識していた。その結果、建築家もまた否応なく商業主義に巻き込まれていったのである。

　近代都市における最初の流行様式であったアール・ヌーボーは、20世紀になって急速に勢いを失った。代わってアール・デコが、アール・ヌーボーの流行を数段上回る規模で、世界の大都市を席巻していった。同時代に隆起した「機能と合理」を掲げるモダニズムが忌避した装飾性が、アール・デコでは全面に押し出された。それこそ大衆の求めるところと発注主は認識し、建築家はそれに従った。

　アール・デコの流行は、1920年代以降、第二次世界大戦前夜まで、社会を活気づかせた。20世紀様式としてのモダニズムが唯一無二の様式とされる前夜を彩る、いわば最後の装飾様式の活況だったと位置づけられる。

　アール・ヌーボーが渦巻く曲線の表現だとするなら、アール・デコはすべてを「面」に還元していく性向を帯びていた。その始原を世紀末様式に求めるなら、チャールズ・レニー・マッキントッシュとウィーン分離派に行き当たる。

　アール・ヌーボーの生物を想起させる、うねる曲線はつかみどころがなく、左右対称の枠に納まることを嫌い、幾何図形化を拒否する。これに対して、アール・デコは平滑であったり、流線形であったりするが、あくまでも「面」を自らのキャンバスにして、華麗さと煽情的な表現を追求した。その傾向は、懐古的なウィリアム・モリスらのアーツ・アンド・クラフツ運動のうねりのなかで、斬新な図形化によって新表現を開拓したマッキントッシュに通じる。また、それはマッキントッシュの造形に共感して自らのグループ展の展示設計（第8回分離派展）を依頼したウィーン分離派に継承され、新表現として展開された。ウィーン分離派の新古典主義的な「面」の扱い、東方世界への距離感覚の近さゆえのビザンチン流のエキゾティシズムも、表現の素材を西欧以外に積極的に求めたアール・デコの基本的な造形傾向と重なっていく。

　1925年にパリで開かれた「装飾芸術近代産業国際博覧会」がこの様式の命名の起源となった。博覧会名のなかの「装飾芸術」がそれである。博覧会のパビリオンを眺めると、アンリ・ソバージュによる「プランタン百貨店プリマヴェラ館」やJ・F・スタールによる「オランダ館」などが、ボリューム感豊かな構成を示している。

　スタールの「オランダ館」は、外観では土着的で不思議な造形によってエキゾティシ

第4章　アール・デコ～ヨーロッパからアメリカへ

*4-26 装飾芸術近代産業国際博覧会会場 1925

ズムを満たし、インテリアにおいては、おどろおどろしい表現も交えた「面」のデザインを実現している。一方、「プランタン百貨店プリマヴェラ館」を筆頭に過激な表現を競い合った百貨店系のパビリオンは、多くが正面外壁にスケール感を無視した装飾的な「面」のパネルを掲げ、目をひこうとした。ギャラリー・ラファイエットやボン・マルシェなど、パリの主立った百貨店はこの傾向で甍をならべ、メトロポリスの消費そのものが博覧会の主題であったことも裏付ける。

　一方、同じくパリに題材を求めるなら、中心市街地の「シネマ・レックス」(1931年、ジョン・エバーソンら)や下町の「シネマ・ルクソール」など映画館の建築にアール・デコが出現する。映画館の様式としてアール・デコが選択されるのは世界的な傾向で、米ハリウッドが世界産業となった1920年代こそがアール・デコの盛期の始まりだったからだ。ハリウッド映画の世界制覇とアール・デコの地球規模の流行は二人三脚で

*4-27 J・F・スタール
装飾芸術近代産業国際博覧会「オランダ館」1925

＊4-28 アンリ・ソバージュほか 装飾芸術近代産業国際博覧会「プランタン百貨店プリマヴェラ館」1925

あった。

　ちなみに「シネマ・レックス」の建築家エバーソンは、米国内に同種の華麗な映画館を数多く設計したとされる。また、「ルクソール」はその名の通り、エジプト風の装飾を採用している。これは19世紀前半から続く「エジプト学」の隆盛を受け、1922年のハワード・カーターによる王家の谷におけるツタンカーメンの王墓の発見に至る、エジプト・ブームの影響である。カーターは世紀の発見を題材に米国でも講演している。古代美術の至宝の奇跡的な発見が、アール・デコのエキゾティシズム志向の中心に「エジプト」を据えることになった。

　語源はパリの万博ではあっても、アール・デコは米国で爆発的な流行をみせ、ヨーロッパにおける工芸的な側面とは異なる、新大陸のメトロポリスの様式として広まっていった。パリの1925年博の象徴的な施設は、工芸家ルネ・ラリックによって装われたが、ラリック自身、アール・ヌーボーの作風で一世を風靡したひとであり、そこにもヨーロッパのアール・デコが、前世紀の工芸志向（多くは富裕層を対象としていた）を引きずっていたことが読み取れる。

　その意味でも、マンハッタンの摩天楼こそがアール・デコの真の金字塔と呼べるものだ。なかでも1930年代に入って「世界一の高さ」を競い合った「クライスラー・ビルディング」（1930年、ウィリアム・ヴァン・アレン）と「エンパイアステート・ビルディング」（1931年、シュリーブ、ラム、ハーモン事務所）は、ニューヨークが、ヨーロッパのなみいるメトロポリスを押し退け世界屈指の消費都市になったことを高々と宣言した。

　時代背景を追うと、1920年代の米国は、第一次世界大戦の傷跡に苦しむヨーロッパを尻目に、経済的な繁栄を謳歌した。ハーディング、クーリッジ、フーバーと3代続いた大統領の時代に、米国は「アスピリンエイジ」と呼ばれる経済の高揚期を迎えた。解熱剤でも服用しないと対応できなかった世相を指す言葉だ。レッセフェール、つま

第4章 アール・デコ〜ヨーロッパからアメリカへ

111　政治と商業の狭間に揺れた最後の装飾様式アール・デコ

＊4-29 ジョン・エバーソンほか
「シネマ・レックス」1931

＊4-30 アンリ・ジプシ「シネマ・ルクソール」1921

＊4-31 「シネマ・ルクソール」エジプト風の装飾

り自由放任の経済政策のもと、フォードを先頭に自動車産業は隆盛をきわめ、あらゆる生産の場面で機械の導入による効率の向上が進み、都市には消費財があふれた。ニューヨーク証券取引所の株価は高騰し、国民の個人資産膨張が消費の風潮に拍車をかけた。建築の世界ではシカゴとニューヨークによる摩天楼競争に決着がつき、ニューヨークが新時代の高層都市の最先端に躍り出た。

　ニューヨークにおいて、超高層ビルはマンハッタン島という限られた土地を有効に生かすためにも、限りなく天空を目指した。さすがに当局も放置できなくなり、上階に進むにつれて、建築のボリュームを減じるセットバックを求めた。「アール・デコ」のエキゾティシズム志向は、セットバックした高層ビルの段状のシルエットの「原典」をチチェン・イッツァなどマヤ文明のピラミッドに求め、中南米の造形も参照対象になった。ちなみにマヤの造形は、フランク・ロイド・ライトも東京の「帝国ホテル」

＊4-32 ウィリアム・ヴァン・アレン「クライスラー・ビルディング」1930

＊4-33 シュリーブ、ラム、ハーモン事務所「エンパイアステート・ビルディング」1931

第4章 アール・デコ 〜ヨーロッパからアメリカへ

113　政治と商業の狭間に揺れた最後の装飾様式アール・デコ

(1923)で積極的に採用した。中南米は、地勢上からも当時の米国の建築家にとって近しい異境趣味の参照原典だった。

そうした過程を踏みながら、アール・デコは、米国資本の装いの中心様式となった。その頂点を担うのは「クライスラー・ビルディング」(1930)である。ヘンリー・フォードの成功を追って鉄道機械の領域から自動車産業に転身した実業家ウォルター・P・クライスラーは、自身の成功と自動車産業隆盛のシンボルとして、資本主義の都ニューヨークに、流行様式のアール・デコのイコンを打ち立てた。

クライスラーの意を汲んだ建築家ウィリアム・ヴァン・アレンは、ステンレスを駆使して、頂部を自動車のラジエーターグリルのデザインで象り、セットバックした中層の部分には自動車のタイヤもモザイクタイルであしらい、ラジエーターのキャップまで表現した。中層階の四隅に配された翼の生えたオブジェは、自社の製品「クライスラー・プリモス」のボンネットを飾っていた造形が援用された。

また、アレンは、工事の最終段階で屋上にひときわ高い避雷針を設置した。同時期に完成を迎える超高層ビル「マンハッタン銀行」との「世界一高さ競争」を制するための秘策であった。

❖コラム4❖ モダン東京

アール・デコの嵐はヨーロッパ、米国を超えて、アジア各地にも波及した。上海とならんで最も顕著な兆候を示したのは東京だった。1923(大正12)年の関東大震災の大火災で既存の施設が壊滅的な打撃を受けた東京は、当時の最新の様式により都市と建築の再構築をはかった。ひとつはアール・デコであり、もうひとつは無装飾のモダニズムだった。

アール・デコは震災前から浅草六区の劇場街を彩るなど、日常的な歓楽、消費の風景に不可欠な存在となっていた。震災はその風潮を後押しし、被災直後のバラック建築では自由闊達な流行様式が街頭に躍った。ビヤホール、レストランから商店まで、ひと目を引くために、屈託ない形でアール・デコが採用された。そして、それはバラックに代えて建設された本建築に継承され、モダン東京の演出に一役買った。

一方で、東京は、積極的にモダニズムを実践した。その筆頭は、被災した小学校を建て替えるにあたり、コンクリートで不燃化した復興小学校である。当時の表現を借りると無装飾、四角い箱型の「豆腐を切ったような」モダニズムの小学校が、一気に100校以上も出現した。

モボ、モガが闊歩する享楽的なモダン東京。それは東京が世界都市に仲間入りした姿だった。1927(昭和2)年には地下鉄も開通し、震災からの復興の途上で、ひとびとは都市の時代に酔った。やがて来る二度目の世界大戦前の不思議な明るさという点も、世界のメトロポリスと肩を並べていた。

＊4-34「丸ノ内ビアホール」

＊4-35 フランク・ロイド・ライト「帝国ホテル」1923
博物館明治村に移築された中央玄関部分

❖コラム5❖ フランク・ロイド・ライト

　近代建築の巨匠という言い方がある。概ね、ル・コルビュジエ、ミース・ファン・デル・ローエとフランク・ロイド・ライトの3人を指す。前の2人はモダニズムの初期からの推進に大きな役割を果たした。では、ライトはどうか。19世紀半ば（明治維新の前年）の生まれであり、彼が単調な機能主義に与することはなかった。90歳を超えても問題作を手がける現役であり続けたのだから、モダニズムの時代を生きた巨匠なのは確かだが、やはり、あとの2人とは区別されてしかるべきだろう。

　米国の土着の素材を生かしたハーベストカラーのインテリアの一連の「草原の住宅」、滝をまたぐ形で住宅を配した「カウフマン邸（落水荘）」、中南米の様式を装飾的にあしらった「帝国ホテル」など絶頂期の作品、そして、「ジョンソンワックス」や「グッゲンハイム美術館」をはじめとする表現にこだわった空間構成など、ライトの激越な人生を彩る多彩な作品群を見るとき、彼は教条主義的なモダニズムの枠に入りきらない巨匠であったことに思い当たる。

　ル・コルビュジエは「住宅は住むための機械」との警句を残した。対して、ライトは「機械が人間を支配する世界には住みたくない」と切り返している。観念のヨーロッパの巨匠に対して、生粋のアメリカン・アーキテクトだったライトは、実利・現実主義に根差した、途方もない力量の名手であった。

　このビルの工事が進んでいた1929年は、世界大恐慌の年にあたる。3代の大統領がとってきた「レッセフェール」の経済政策はバブルを呼び、1929年10月24日「暗黒の木曜日」に株価は大暴落、世界規模での恐慌に突入した。

　その点において、「クライスラー・ビルディング」は、恐慌前夜の米国社会の徒花だったと見なされる。ジャズ、チャールストン・ダンスの熱気がニューヨークを包み、そのニューヨークの流行が、極東の東京や上海に飛び火した。熱狂のニューヨークの究極のシンボルが「クライスラー・ビルディング」だった。アレン自身、頭に自作の尖塔を被った奇妙な衣装で悦に入っている

＊4-36 摩天楼ダンス（ボザール・ボールにて）1931
中央で自身設計のクライスラー・ビルディングに扮しているのがウィリアム・ヴァン・アレン

「摩天楼ダンス」の写真が残っている。建築がローマ以来培ってきたアカデミックな権威も、公共の用に供する謙虚さも失われた

＊4-37 「クライスラー・ビルディング」避雷針

姿がそこにあった。
　モダニズムが装飾を排して、ガラスの超高層を林立させた1950～1960年代の一時期、「クライスラー・ビルディング」は恥ずべきものとされ、アレンの名も人口に膾炙しなくなった。建築が商業主義とあまりにも軽々と添い寝した過去への嫌悪感がそうさせた。しかし、消費と商業主義は、疑いなく存在する20世紀都市の「現実」であり、主題でもあった。深浅はともかく商業主義と関わりなく20世紀以降の建築は成立しえなくなったわけで、アレンの頓狂な姿は、新時代の建築家像を的確に映し出していたことになる。
　大恐慌による経済的な不況の到来は、「エンパイアステート・ビルディング」の外装から、アール・デコの装飾的要素を剥ぎ取ってしまった。それでもエントランスホール正面のビルの姿を刻印した輝かしいプレ

＊4-38 1920年代のアメリカで大流行したチャールストン・ダンス

クロニクル［建築編］

ートや、米国の産業を図案化した円形のメダリオンなどは、十二分にアール・デコの気分を漂わせている。

このビルは「ワールド・トレード・センター」(2001年に同時多発テロで倒壊)に抜かれるまで40年間も「世界一」の座にあった。映画「キングコング」によってハリウッドのメディアに乗り、世界一の摩天楼の姿は世界じゅうへと配信され、米国の経済的な繁栄を喧伝した。

しばしばいわれるように、建築は建設された時代を象徴してきた。ギリシャの神殿もローマ以降のさまざまな様式の教会も、同時代の技術の粋を駆使して社会観や宗教観を表現したことで、時代の証人と目されてきた。もっとも建築自体は、ローマのウィトルウィウス以来の自律的な規則を遵守しながら、結果として各時代を投影してきた側面が強い。しかし、アール・デコの1920年代にいたって、建築は直接の注文主ではなく、注文主がおもねる対象の大衆に対しても、積極的に働きかける表現を手がけることになった。その姿を「柔軟な時代対応」と評価するのか、「商業主義の下僕に堕した」と論難するのか、同時代の社会への評価に深く関わってこよう。

アール・デコに、めざましさと嫌悪感が同居するのはそのためだ。大衆との交信は表現に勢いをもたらし、一方で権威主義や倫理観と衝突せざるを得なかった。レイモンド・フッドの設計による、「ロックフェラー・センター」の夜景を眺めるとき、誰もが20世紀の都市がもたらした新たな美学に感嘆の声をあげる。しかし、一方で、それを生み出した恐慌前夜の放恣(ほうし)な世相や過剰な消費の気分に危うさを覚え、建築という学術的な領域がその下僕となることへの忌まわしさも感じるのである。

危うさへの警戒感は、ヨーロッパにおいて、アドルフ・ヒトラー率いる「ナチス(国

*4-39「エンパイアステート・ビルディング」
米国の産業を図案化したメダリオン(機械)

*4-40「エンパイアステート・ビルディング」
メダリオン(装飾)

第4章 アール・デコ～ヨーロッパからアメリカへ

117　政治と商業の狭間に揺れた最後の装飾様式アール・デコ

＊4-41 レイモンド・フッドほか「ロックフェラー・センター」

家社会主義ドイツ労働者党)」が台頭したことと合わさって、めざましさを拒否する選択をもたらした。1933年、ヒトラーはドイツ首相となった。青年期に建築家を目指した独裁者は、建築と芸術への関心も強く、冷徹な新古典主義の建築家カール・フリードリヒ・シンケルの美学を典範とし、ユダヤ系の表現者が中心を占めたバウハウスを社会主義者の集団として弾圧、モダニズムなどの新表現を「退廃芸術」として排除した。

バウハウスの創設メンバーだったヴァルター・グロピウス、マルセル・ブロイヤーらはドイツを離れざるを得なくなり、米国に亡命し、私設学校となったバウハウスの最後の校長をつとめたミース・ファン・デル・ローエもシカゴに新天地を求めた。奇しくも米国は、近代建築の巨匠と並び称される4人の建築家のうち、グロピウスとミースを亡命で得て、米国人のライトを加えた3人を手中に収めた。

残るル・コルビュジエは、1932年のニューヨーク近代美術館での「近代建築展」や同展覧会の趣旨に沿った書籍『インターナショナル・スタイル』によって、米国でも先進の表現者として広く認知された。1928年に「近代建築国際会議(CIAM)」を創設し、モダニストとしての立場を鮮明にした。この会議にはバウハウス系の建築家のほか、ヘンドリック・P・ベルラーヘ、ヘリット・リートフェルト(ともにオランダ)、アルヴァー・アールト(フィンランド)ら、モダン・デザインの黎明期を彩った世代の各国の建

築家も参加した。

　1937年、「近代都市の芸術と技術」をテーマに開催されたパリの万国博覧会は、アールト、坂倉準三、ロベール・マレ＝ステヴァンらモダニストにパビリオンを手がける機会を与えた。主催者は会場のセーヌ川に一番近い目立つ位置に、「ドイツ館」と「ソビエト館」を向き合う形で配置した。すでに火花を散らしていたナチス・ドイツのファシズム政権とロシア革命によって成立した共産主義政権に、面子をかけて競わせるように仕向ける会場配置だった。

　そんな「趣味のよくない遊び」に興じているうちに、ヨーロッパは、ナチスのポーランド侵攻で苛烈な戦争の時代に突入、米国もやがて参戦を余儀なくされた。第二次世界大戦の始まりである。恐慌と戦争は、アール・デコの華麗な表現を、時代の気分にそぐわぬものとして排斥し、対決の構図はナチス流の新古典主義とモダニズムの2極に絞られていった。

　戦争の帰趨は、米国の参戦で、民主主義を奉じる連合国の勝利に終わった。米国は、ドイツ語圏各国から優秀なユダヤ系の科学者や表現者を受け入れ、またしても世界大戦の舞台となることをまぬがれたことにも後押しされ、最先端の科学技術を手中に収め、資本主義世界の支配者となった。アール・デコの時代に100階を超える超高層のエレベーターや水道配管の水圧コントロールなどの研究も飛躍的に進んだ。そこにヨーロッパから移住してきたミース・ファ

コラム6 ❖ 赤いウィーン

　戦間期ウィーンを「赤いウィーン」と呼ぶ。第一次世界大戦でハプスブルクの帝国は崩壊、そして、やがてナチスに制圧されるまでの1930年前後の、社会民主主義に基づく、労働者向けの住宅整備が大がかりに進められた時代をそう呼ぶのである。初期のモダニストたちがスローガンに掲げた、建築の革新による労働者階級の居住環境の向上は、「赤いウィーン」では建前ではなく、現実のものとなった。言説以上に説得力のある巨艦のような集合住宅群が、次々と出現していった。

　「カール・マルクス・ホフ」（1930年、設計カール・エーン）は、中庭を囲みながら伸びる外壁の総長が優に1kmを超える。総戸数は1,400戸を数え、労働者の「要塞」にたとえられた。1934年の2月蜂起では労働者が中庭への扉を締め切って立てこもり、オーストリアのファシストと対峙した。マルクスの名を冠した巨大集合住宅は、現実に「要塞」となったのである。

　同時期に「フリードリッヒ・エンゲルス・ホフ」や「レーベン・ホフ」などの巨大集合住宅が相次いで登場して、労働者の居住空間を支えた。設計に従事した建築家の多くは、オットー・ワーグナーの薫陶を受けており、モダニズムを自身の主張の「道具」などには使わず、ワーグナーの教えを継承して、「赤いウィーン」を構築した。今日もほとんどの住宅が美しく維持されており、他の大都市とは異なる都市居住の姿に感動させられる。

＊4-42　カール・エーン「カール・マルクス・ホフ」1930

第4章　アール・デコ〜ヨーロッパからアメリカへ

119　政治と商業の狭間に揺れた最後の装飾様式アール・デコ

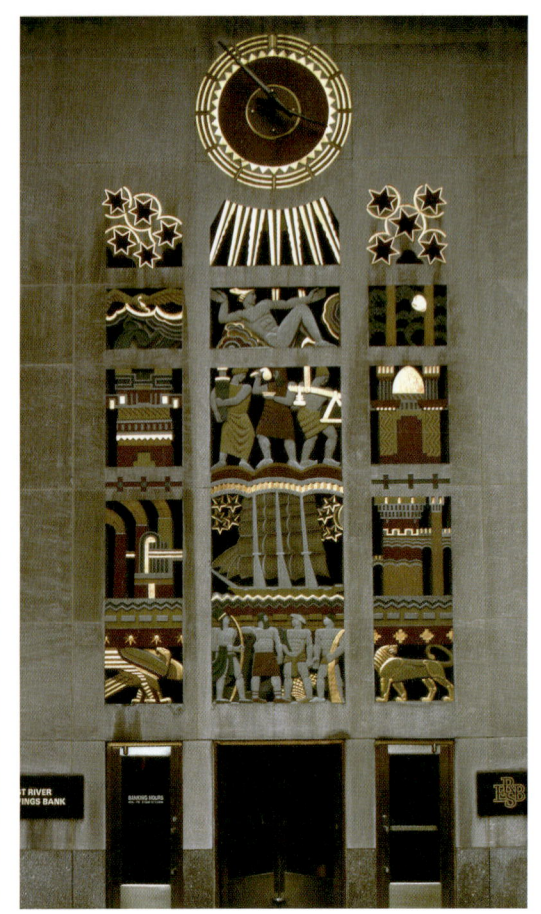

＊4-43 リー・ローリー　ロックフェラー・センター・インターナショナルビル入口のレリーフ「人類の物語」

ン・デル・ローエやグロピウスらが、資本主義の新たな装いとしてのモダニズムを移植した。

「アスピリンエイジ」も「ローリング・トゥエンティーズ（狂騒の1920年代）」も存分に経験した挙げ句、アール・デコは過去の遺物として忘却された。代わって20世紀オリジナルの美学としてモダニズムが専制状態の支配者となった。モダニズムは、インターナショナル・スタイルであることを自ら任じて、パックス・アメリカーナのもと世界へと広まっていった。20年代の自由放任の経済と世界恐慌から、30〜40年代の公共事業主体の社会主義的色彩の濃い経済政策を実施したニューディール体制へ。アール・デコの熱気から、対比的なクールなモダニズムへ。急激な価値観の変化は、この時代に絶え間ない極限の状況をもたらすことになった。だが、激動の世紀はまだ半ばに差しかかったばかりだった。

デザイン／近代建築史
The History of Design / Modern Architecture

第 5 章
1940年代→1960年代

ローウィ以後
～工業デザインの確立と
消費市場

時代概要……………1940年代→1960年代

戦時体制と復興

第二次大戦が終わり、その後の1960年代半ばにかけての時代は、形骸化したイデオロギー的対立つまり東西の冷戦構造があたかもこの世界の終焉まで続くかのように思われた。同時に、冷戦構造を背景にアメリカとソビエトの両陣営が軍事テクノロジーとその一環としての核競争、宇宙開発競争を展開し、日常生活にも少なからぬ影響を与えた時代であった。

わけても1950年代から60年代にかけて、アメリカではゼネラル・モーターズ(GM)の技術研究所に代表されるように、技術への夢が信じられた時代であった。この時代におけるバックミンスター・フラーの独自のアイデアによるスペースの研究やデザインもまた、技術への夢と確信を示している。フラーの考え方は、人間を自立させるのは技術である、というものであり、それはまさに1960年代の技術の夢を象徴していた。一般には1967年のモントリオール万博のアメリカ館の巨大なフラー・ドーム(ジオデシック・ドーム)よって、フラーの存在が知られることになる。フラーの考案したダイマクション・ハウスは中心のマストに住空間を吊るような構造になっており、コンテナで輸送でき、一日で組み立て可能で低価格というものであった。また、ジオデシック・ドームは条件がゆるせば、都市全体を覆うことができるほど巨大なものをユニットで構成することができる。1960年代は、メガロマニアな巨大なものをデザインすることが喜ばれた時代でもあった。

また、この時代は、アメリカの大衆的な消費社会が広がった時代であり、技術開発においても、そうした感覚が社会のどこかに影響を与えていたように思われる。

1960年代におけるアメリカとソビエトの宇宙開発競争は、冷戦構造下の軍事的要請によっているにしても、その発想は、使い捨て時代の技術にふさわしく、やがて地球をも使い果たして宇宙に移住していくという考えをどこかに含んでいた。限りなく進展する技術と経済は、あらゆるものを使い捨てにしてもまったく問題はないという意識を形成した。自然破壊と自然資源の浪費の結果、地球規模で自然が崩壊しても、ほかの星に移住すればいいというSF的な発想を持つに至ったのである。

★5-1 エーロ・サーリネン「GM技術研究所」1955

★5-2 自動車ショー「GMモートラマ」1955

★5-3 バックミンスター・フラー モントリオール万国博覧会「アメリカ館」1967

★5-4 バックミンスター・フラー「ダイマクション展開型ユニット」1940-41

　大衆的な消費文化という点においては、結局、ソビエトではなく、アメリカの文化が世界を覆っていったのがこの時代であった。

　1950年の朝鮮戦争以降、アメリカは、限りなく成長する豊かな消費社会という気分を社会に蔓延させた。1950年代半ばから60年代の前半のアメリカは、経済的にも世界で最も豊かな生活環境を実現させただけではなく、文化の面においても、ヨーロッパの伝統から離れて、独自の表現を生み出した。

　したがって、アメリカはこの時代に、世界中に影響を与えることになる戦後アメリカ文化のあり方を特徴づけたといえるだろう。たとえば芸術表現においては、ロバート・ラウシェンバーグやジャスパー・ジョーンズたちのヨーロッパとは異なった新たな表現から始まり、アンディ・ウォーホルやロイ・リキテンスタインのポップアートが出現してくる時代である。

　デザインにおいては、アメリカでは、レイモンド・ローウィたち第一世代に続く第二世代のデザイナーが活動する時代であった。たとえば、デイブ・チャップマン、モンゴメリー・フェラー、ジョージ・ベック、ジョージ・ネルソン、そしてチャールズ・イームズといったデザイナーたちである。

年	出来事（展覧会／グループ／都市）	作品（デザイン／建築／出版）	社会
1940年	C.ペリアン来日	R.フッド「ロックフェラー・センター」（米） イームズ、成形合板の椅子を発表	日独伊三国同盟
1941年		S.ギーディオン『空間・時間・建築』	日米開戦 独ソ開戦
1943年			イタリア無条件降伏
1944年	工業デザイン協議会設立（英）		
1945年	工業デザイナー協会設立（米）		第二次世界大戦終結
1946年		E.サーリネン「ウームチェア」	インドシナ戦争
1947年		W.レビット「レビット・タウン」（米）	インド独立
1948年	「国際建築家連合（UIA）」設立（スイス）	A.アールト「ベイカー・ハウス」（米）	
1949年	第1回GM自動車ショー「モートラマ」（米）	イームズ「ケース・スタディ・ハウス（イームズ自邸）」（米） 「広島平和記念公園」コンペ（日）	中華人民共和国建国 NATO成立
1950年			朝鮮戦争
1951年	第1回アスペン国際デザイン会議（米） 日本宣伝美術会（JAAC）設立	ミース・ファン・デル・ローエ「ファンズワース邸」「レイク・ショア・ドライブ・アパートメント」（米） R.ローウィ『口紅から機関車まで』	サンフランシスコ講和会議
1952年		SOM「レバー・ハウス」（米） ル・コルビュジエ「ユニテ・ダビタシオン」（仏）	
1953年	ウルム造形大学創立（独）、M.ビル初代校長就任 国際デザインコミッティ設立（日）		
1954年	P&A.スミッソン「ニュー・ブルータリズム」提唱（英）		
1955年		G.ネルソン「ココナッツチェア」	ディズニーランド開園（米）
1956年	イタリア工業デザイン協会設立 デザインセンター（ロンドン）設立	イームズ「ラウンジチェア」 E.サーリネン「チューリップチェア」	スエズ戦争
1957年	ベルリン・インターバウ	L.コスタ「ブラジリア」設計競技	ソ連、初の人工衛星打ち上げに成功
1958年		ミース・ファン・デル・ローエ「シーグラム・ビル」（米） B.フラー「ユニオン・タンク社のジオデシック・ドーム」（米）	第五共和制発足（仏） レヴィ＝ストロース『構造人類学』
1959年		F.L.ライト「グッゲンハイム美術館」（米） ル・コルビュジエ「国立西洋美術館」（日）	キューバ革命

クロニクル　　　　　　　　　デザイン編　　c h r o n i c l e

新大陸に開花した高度工業化時代のデザイン

レビット・タウン

　戦後の大衆消費社会が生み出した文化は、たとえばロックミュージックに代表されるように、アメリカの生み出したものが世界中でメインストリームになっていくことが明らかになっていった。ブルージーンズやTシャツといったファッションやコーラやハンバーガーといった食べ物はもちろん、さらにフォード的な生産システムから、スーパーマーケットにおける大量消費のシステムにいたるまでアメリカを起源としている。

　たとえば、わたしたちは、アメリカ人の戦後の生活様式を想起するとき、芝生の庭に一戸建ての家が並ぶ郊外住宅での生活をイメージする。そのアメリカンホームのイ

✤5-5 レイモンド・ローウィ
「コカ・コーラ ファウンテンディスペンサー」1947

メージの原型は、ウィリアム・レビットが1947年に生産を始めた郊外の建て売り住宅にある。レビットは、住宅の生産にフォード・システムを導入した。また、レビットは住宅建築の材料をクルマで輸送するこ

✤5-6 レビット&サンズ社「レビット・タウン」1947-51

とによって、大量に建て売り住宅を供給することを可能にした。つまり、レビットの住宅は戦後アメリカの住宅を象徴するものだが、クルマなしには成立しえなかった。アメリカの戦後の住まいはモータリゼーションによって成り立ったといっていい。

さらにいうなら、住宅の量産化は戦時における内燃機関を含む兵器の量産技術（内燃機関＝自動車産業の量産技術がモデルになったといっていい）を背景にしていた。レビットは、当初、戦争からの大量の復員兵（ベテラン）に住宅を供給することを意図していた。

戦後アメリカの住宅難に対して、連邦政府は、ベテランに抵当保険として10億ドルを供給した。政府は、都市の郊外に戸建て住宅の建設を促進しようとしていた。ニューヨークのロングアイランドからカリフォルニアのロサンゼルスにいたるまで、建設業者はにわかに開発を始めた。農地はたちまち造成され同じ様なデザインの住宅が立ち並ぶようになった。

ウィリアム・レビットが建設したレビット・タウンは最初の郊外のコミュニティのひとつだった。それは、郊外生活（サバービア）という観念と同じ意味を持つことになった。最初は1947年、ロングアイランドの6,000エーカーのジャガイモ畑に建設された。無名ユニオンの規制、ブローカーの排除、そして自動車の量産ラインの方法を採用することによってレビットは毎日36戸の住宅を建てることが可能になった(1)。

ウィリアム・レビットの量産化住宅は当初はベテランに供給することを目的にしていたが、すぐに一般に売られるようになっていった。

レビットは、職人たちの仕事をルーティン化した。つまり、大工や職人は、多様な作業をせず、白いペンキを塗る職人はそれだけの作業をし、1か所でその作業が終わると、次の現場で同じ作業をする。ベルトが動くのではなく、人間がいわばベルトのように移動して作業するようにプログラミングしたのである。

レビットの建て売りの郊外住宅は、その後、レビット・タウンとも呼ばれている。朝鮮戦争が終わった1953年以降、レビット・タウンはひときわ「デラックス」になっていく。郊外住宅が大量に供給されたこの時代を、トーマス・ハインは「ポピュラックス」の時代と呼んでいる(2)。

第二世代のデザイナー

アメリカの戦後モダン・デザインのイメージをつくり上げたのは第一世代に続く第二世代のデザイナーであった。彼らは、1910年代前後に生まれ、40年代にその活動を開始したデザイナーたちであった。チャールズ・イームズがそうであったように、彼らは、少なからず戦争中に軍事に関わり、安全性や効率や代用品に関する研究を行っていた。

第二世代のデザイナーたちは、第一世代とは異なって、デザインや建築の専門教育を受けており、デザイナーになるべくしてなったといえる。そして、彼らは、ヨーロッパにおけるバウハウスや北欧のモダン・デザインとは異なるアメリカのモダニズムを表現した。それは、ヨーロッパから離れて、いよいよアメリカの独自性を示すものとなっていった。

第二世代でも最も知られているのは、チャールズ・イームズだろう。1907年生まれのイームズは、ワシントン大学などで建築を学び、1939年から40年にかけてエリエル・サーリネンの事務所で仕事をしている。

当初、彼は合板を家具などに応用する実験を続けた。そして、量産化の方法を開発

した。この合板の成型技術はたちまち軍事に転用された。骨折などの治療に使う添え木をこの合板でデザインしたのだ。アメリカ海軍は42年にイームズの添え木を5,000個も注文している。その後も、イームズは成型合板の研究を続けており、彼のデザインした椅子には盛んに合板が使われた。

1940～41年、ニューヨーク近代美術館（MoMA）は、当時同美術館のインダストリアルデザイン部門にいたエリオット・ノイスの企画で、「家具の有機的（オーガニック）なデザイン」というコンペティションと展覧会を行った。この企画は、第二世代のデザイナーを社会的に押し出した。

コンペティションには、イームズとともに、エリエルの息子であるエーロ・サーリネンも出品した。この展覧会の目的は、現代的な生活に役立つ家具、照明、織物などをデザインできる能力のあるデザイナーを見つけ出すことにあった[3]。つまり、新たなアメリカのモダン・デザインを探るコンペティションであった。このコンペティションでイームズとエーロのデザインした椅子とシステム収納家具は1等を受賞した。この時に出品した椅子も成型合板を使用していた。

また、イームズは1946年から47年にかけて、この成型合板の椅子の脚と背柱だけを金属に替えたものをデザインしている。この椅子はイームズによる成型合板の椅子として最もよく知られているものである。当時、ハーマンミラー社のデザイナーをし

❖コラム1❖ ベスパ

第二次大戦後、敗戦国として再スタートを切らざるをえなかったイタリアにとって、スクーター「ベスパ」の成功は希望の星そのものだった。航空機メーカーから転進した「ピアッジオ社」が、平和時の乗り物として改良を加えたデザイン性豊かな軽便な乗り物は、巧みなイメージ戦略と相まって、1940年代を代表するヒット商品となった。

戦前はヨーロッパを代表する航空機メーカーだったピアッジオ社は、敗戦国の物資・社会状況を踏まえて、スクーターの開発に乗り出した。技術者であったコラディーノ・ダスカニオは、ピアッジオの意を受けて、小型モーターを後輪に直結させる簡素な構成を考案し、全体の重量を68kgに抑え、燃費と乗り心地のよさを両立させた。プロトタイプが「パペリーノ（ドナルドダック）」と呼ばれたように、開発当初からコミカルなイメージを意図していたが、完成品はカラーリングを踏まえて「狩りバチ（ベスパ）」と命名された。

圧倒的な燃費と、イタリアらしい迷路構造の都市街路に適した足回りのよさが成功のベースだったが、ハリウッドの力を巧みに使って世界商品に仕立て上げた。オードリー・ヘプバーンが「ローマの休日」でハンドルを握り、「ベンハー」などのローマの現場では、チャールトン・ヘストンが、撮影衣装のままたがった。いかにもアメリカンなピンナップ風のポスターの企画も、1940～50年代の若者の心をとらえた。世界各地で愛好者のクラブが結成され、1960年のローマ五輪の際には、結集した彼らが大会を盛り上げた。

小気味よいデザインと巧妙なイメージ操作。第二次大戦後のヒット商品の理想形がそこにある。

✢5-7 ピアッジオ社「ベスパ98」1946

第5章 ローウィ以後 ～工業デザインの確立と消費市場

新大陸に開花した高度工業化時代のデザイン

♣5-8 チャールズ&レイ・イームズ
「ラシェーズ」1948

♣5-9 チャールズ&レイ・イームズ
「ラウンジチェア」1956

✤5-10 ジョージ・ネルソン
「ココナッツチェア」1955

✤5-11 エーロ・サーリネン
「ウームチェア」1948

第5章 ローウィ以後 ～工業デザインの確立と消費市場

新大陸に開花した高度工業化時代のデザイン

ていたジョージ・ネルソンは、この椅子に注目し、これをハーマンミラーで生産することを提案し、この成型合板をつくる金型などを導入し、生産することになった。その後、1956年、イームズは、ハーマンミラー社で有名な「ラウンジチェア」をデザインしている。この椅子は、当初、映画監督のビリー・ワイルダーのためにデザインしたものだといわれる。第二世代のデザイナーにとって、ハーマンミラー社は重要な企業のひとつとなった。同社は、彼らのデザインをビジネスとして実現していったからだ。

ハーマンミラーとネルソン、ノルとサーリネン

ハーマンミラー社は、1923年、米国ミシガン州ジーランドにあったスター・ファニチャー・カンパニーを、D・J・デ・プリー（DePree）とハーマン・ミラー（Herman Miller）が買収し、設立した家具会社である。この企業がデザインをビジネスとするには、ジョージ・ネルソンの存在が欠かせなかった。

ジョージ・ネルソンもまた、イームズやサーリネンと同様に、第二世代のデザイナーとしてよく知られている。ネルソンは、イェール大学で学んだ後に、ローマ賞を得て、ローマに行き、ヨーロッパのデザインを体験した。その後、アメリカに戻り、『アーキテクチュラル・フォーラム』誌の編集の仕事をする。そして、ネルソンは、ハーマンミラー社の家具類のデザインを多く手がけることになった。

ハーマンミラー社は、1930年代にそのデザインをモダンなものにするという方針を打ち出した。31年、同社の社長デ・プリーは、家具デザイナーのギルバート・ロ

❖コラム2 **フォルクスワーゲン** ❖

独裁者アドルフ・ヒトラーが、フェルディナント・ポルシェに「国民車」の開発を打診したのは1933年とされる。それはナチスが政権を樹立した年にあたり、いかにヒトラーが「自動車」を大衆迎合のツールとして重視していたかがわかる。数年後に開発をひととおり終えたが、第二次世界大戦に突入したため、民生車を生産する体制は望めもせず、実際に「フォルクスワーゲン」が市場に登場したのは、連合軍管理下の1945年だった。

ビートル（カブトムシ）の愛称で知られるこの自動車は、第二次大戦以前の流線形の流行を意識しながら、流体力学流行以前の馬車のスタイルを脱したばかりの古めかしさを併せ持ち、それが人懐っこい魅力になっていた。部分的な改良を加えながらも、ほぼプロトタイプのままの姿を保ち、戦後の長い時期、2,000万台以上が生産された。

ナチス政権下の低所得者層にまで自動車を保有させるという開発目標は、戦後の復興の気風にも見事に合致し、販路は世界中に拡大した。工業生産システム構築の模索過程で生まれた「T型フォード」とは異なり、それなりの技術的成熟をみたあとでの、国家あげての大衆車開発だったこともあり、半世紀を超える歳月のなかでも、陳腐化を乗り超えて、ビンテージとなりえた。20世紀のプロダクトの伝説のひとつである。

❖5-12 フォルクスワーゲン「タイプ1」1938

ーデを迎え、同社の家具のデザインを担当させた。このことによって、ノール社と並んで、アメリカの現代的な家具デザインを手がけるメーカーとして知られるようになった。ローデは1944年に没し、その後任として、ハーマンミラー社はジョージ・ネルソンを迎えた。ネルソンは、家具のデザインだけではなく、同社のロゴタイプから広告まで手がけることになった。イームズがハーマンミラーのデザインを手がけたことも、ネルソンの紹介によっていた。

ネルソンのデザインした椅子で最もよく知られているのは、1956年につくられた「マシュマロソファ」である。このソファは18個のそれぞれ独立した、その名のとおりマシュマロのような形状のクッションがフレームに取り付けられている。この椅子は、まさにマシュマロが並んでいるような視覚的な効果が強調された。

それは、いかにも戦後のアメリカの楽しげで近代的な生活を象徴しているかのように見えるのである。

こうした楽しげな家庭用の家具をつくっていたハーマンミラー社はその後、次第に家庭用家具から、オフィス用の家具へと比重を移していくことになる。

ノール社もハーマンミラー社同様、アメリカのデザインを牽引した。第二世代のデザイナーたちの作品を多く採用した企業として知られる。ノール社は1938年に始まるが、ハンス・ノールがフローレンス・シュストと結婚した1944年に正式に設立された。ハンス・ノールはイギリス経由で1937年にアメリカに渡った。ハンスの父は家具製造をしており、初期のバウハウスの家具も手がけている。一方、フローレンスは、造形学校であるクランブルックでイームズと出会った。当初、ノールのデザインはジェンス・リゾムが担当していたが、リゾムは47年に自分のデザイン事務所「ジェンス・リゾム・デザイン社」を設立し、ノールから離れた。そうしたいきさつから、ノールは、エーロ・サーリネンをデザイナーとして迎えることになった。その結果として生まれた椅子のひとつが、48年にデザインされた「ウームチェア」であった。

ウーム（子宮）チェアは、スチールの脚にファイバーグラスで強化（一体成型）したプラスチック（FRP）のシェルをつけ、フォームラバーを入れ、布でくるんだデザインになっている。このデザインは、イームズとともにデザインした成型合板の椅子とはまったく異なっているように見えるが、実際には、その延長上にデザインされている。この椅子をデザインするにあたって、フローレンスが助言を与えたといわれる。

近代建築・現代建築がそうであるように、近代的な家具デザインは、一般には、容易に受け入れられるような印象を持っていなかった。それは現在においてもそうかもしれない。現代のデザイナーや建築家がデザインした家具や住宅には、何か違和感を覚えるというのが一般的な意見としてある。そうしたなかで、サーリネンのウームチェアは、そのような一般的な印象を変化させたといえる。

大衆は、現代家具は人間的ではないと考えているが、ウームチェアはその認識を変えた。この椅子は部屋の中で彫刻作品のように見えるべきだというサーリネンの考え方が、風変わりな現代家具の概念を変えたのである。1948年、『インテリア』誌は「ウーム」が今期の最大の革新的な椅子であると評したという[4]。

ウームチェアの名称に関しては、ハンス・ノールは、商品名として使いにくいと判断したらしく、「ナンバー70」という商品名をつけたが、結局、サーリネンの命名したとおりのウームチェアという名称で知られるようになった。

✤5-13 エーロ・サーリネン
「チューリップチェア」1956

　サーリネンは、成型合板やファイバーグラスなど新しい素材を次々に椅子に使った。また、彼は新しい素材であるプラスチックを使った椅子のデザインを手がけている。その代表的なものは、1956年につくられた「チューリップチェア」である。デザイナーや建築家は新しい素材が出現すると、それを使うことで、新しいデザインを試みようとする。プラスチックも例外ではなかった。しかし、それまでのプラスチックの椅子では、座の部分をシェル構造にして一体化はしていたが、脚の部分が座とは融合しないデザインになっていた。
　サーリネンは、その脚の部分も座と一体化することができないかというアイデアを持っていた。その結果から生まれたのが「チューリップチェア」であった。この椅子では、座のシェルが一本の幹(ステム)によって立つようにデザインされている。この椅子に座る人は床から一本のステムで支えられたシェルの上にのっているように見える。
　サーリネンは座から脚まですべてをプラスチックで一体化したデザインの椅子を実現したかった。しかし、実際には、プラスチックだけのステムでは強度的には無理があった。そこで、結局は、ステムはアルミニウムになった。アルミニウムを、プラスチックと同じ色に焼き付けた。したがって、見た目には同じプラスチックで一体成型されているように見える。同じように一本のステムで立つテーブルが、この椅子とセットになるようにデザインされている。

アメリカンドリームのデザイン

　50年代後半あたりから、アメリカでは次々にホームドラマがつくられテレビで流されるようになった。『アイ・ラブ・ルーシー』『ドナ・リード・ショウ』といったテレビ番組である。そうしたドラマの舞台に

なったのがアメリカの郊外住宅であった。

こうしたドラマで見せられる家庭生活、消費生活のイメージは、60年代の前半まで続いていく。この生活様式は、戦後アメリカの生活様式として受け取られることになった。それは、1930年代に人工的につくられたアメリカン・ウェイ・オブ・ライフの延長上に位置するものであった。

アメリカのライフスタイルとその生活環境のデザインのイメージは、おそらくテレビが独自につくりあげたものではない。どうやら、自動車メーカーがつくり出したイメージと思われる。とりわけGM（ゼネラル・モーターズ）がつくりだしたイメージが大きく影響を与えている。1939年にフューチュラマでアメリカの60年代の都市と生活環境のイメージをデザインして見せたGMは、1950年代後半から60年代半ばにかけて、再びアメリカのあるべき生活をデザインして見せた。GMは単にクルマのデザインを手がけるだけではなく、室内デザインから都市のデザイン、そして家庭生活のイメージまでを再び提案したのである。それは、アメリカの自動車産業が軍事産業ほどに力を持ち得た時代だったからだ。

ちなみに、56年、GMはデトロイトの北部のミシガン州ウォーレンに技術研究所を開設した。この研究所の存在は50年代後半から60年代前半にかけて、アメリカの文化に少なからぬ影響を持った。建築のデザインはエーロ・サーリネンである。ここには5,000人の研究者が集められた。開設式典の時は、クルマ以外にも、人工心臓、人工肺、小児まひのためのワクチンなどが展示された。アメリカの自動車産業がいかに大きな力を持っていたかがわかる。また、この研究所では兵器の研究までテーマにしていた。したがって、この時代の国家的な技術を牽引したのは、自動車産業であったのだ。

GMは1949年に自動車ショー「モートラ

✤5-14, 15 エーロ・サーリネン「GM技術研究所」1955

133　新大陸に開花した高度工業化時代のデザイン

✤5-16「GMモートラマ」1954

✤5-17 GM「ビュイック センチュリオン」1956 モートラマ会場にて

マ」を開催した。その後も、GMは自動車ショーを毎年開催し、そこでクルマだけではなく、消費社会の生活スタイルを演出してみせた。このGMのショーは60年代の始めころまで、影響力を持っていた。ショーの会場はニューヨークのアール・デコ建築で知られるホテル、ウォルドルフ・アストリアが使われた。このショーではポンティアック（クラブ・デ・マー）、シボレー（インパラ）、ビュイック（センチュリオン）などの新車の発表と、実験車ファイアーバードのシリーズが展示され、スポンサード・フィルムと呼ばれる短編のコマーシャル映画が流された。この時代のクルマの多くは、後部に翼のようなテールフィンがつけられ

たデザインで、「ジェットライン」と呼ばれている。それは30年代に出現した「流線型」（ストリームライン）に対してそういわれるわけだが、朝鮮戦争ではじめてジェット戦闘機が登場したことがその要因になっていた。

ファイアーバードのシリーズは、GMが計画したいわば全自動自動車である。まったくハンドルを握らなくても運転のできるクルマをつくることがGMの未来計画であった。しかし、クルマとともに、多く注目されたのは、キッチンであった。次のような記事が書かれている[5]。

「ジョージ・M・ハンフリー財務省長官は、昨日GMの『モートラマ』で開催された家政

❖コラム3❖ 博覧会から五輪へ

1851年のロンドンに始まり、1939年にニューヨークで国際博覧会が開かれた時点までは、博覧会はデザイン関連の領域の最大の注目催事だった。雲行きがおかしくなったのは、1936年のベルリンオリンピックから。レニ・リーフェンシュタールという才能を得たナチス・ドイツは、スポーツイベントを国家宣伝に最大限活用した。宣伝相ヨゼフ・ゲッベルスの力も大きかった。潮目は変わりつつあった。

第二次世界大戦後、国際博覧会は明らかに輝きを失った。国家経済盛り上げのための産品の展示という目的は、製造業ごとのメッセに委ねられた。1967年モントリオール、1970年大阪は、それでも大規模な国際博覧会だったが、前者のシンボルだったバックミンスター・フラーによるフラー・ドームの「アメリカ館」はその後、外壁が火事で焼失。大阪では丹下健三、黒川紀章らが「未来都市」を提示したが、来訪者の共感は得られず、国際博覧会は「工業産品による新たな生活像の提案」という使命を終えた。

オリンピックは、ローマ（1960年）、東京（1964年）、ミュンヘン（1972年）と、かつての枢軸国を巡回し、敗戦からの復興宣言と国際社会復帰のアピールの場となり、開催国は都市づくりにも利用した。東京の丹下健三（代々木屋内総合競技場）はその筆頭格だった。近年もアテネのカラトラバ、北京のヘルツォーク・アンド・ド・ムーロンなどメインスタジアムを大胆な表現に仕立てて訴求する例が相次ぐ。開会式、閉会式も、イベント、ファッションなどデザイナーの活躍の場となった。

学の短いセミナーを受講した。『未来のキッチン』は最大の関心を引いた。ハンフリー氏は42,000人を記録した来場者の中の一人。……同氏は、皿洗いから調理まで主婦の退屈な家事を改善するためにデザインされたさまざまな展示物に目を奪われた様子。加熱する必要なしに調理ができる円形ガラスのオーブンに感嘆の表情を隠さなかった。その後、音波を使って洗浄・濯ぎ・乾燥・消毒の行程を3分間で処理する超音波ディッシュウオッシャーに見入っていた」『ニューヨーク・タイムズ』（56年1月22日）

電子的に制御される全自動キッチンや全自動自動車でハイウエイを走るファイアーバードのイメージを、アメリカのあるべき未来生活として描いた『デザイニング・フォー・ドリーム』というスポンサード・フィルムが会場で流された。このフィルムでは、キッチンでこぎれいなドレスを着た主婦が仕事をしたり、夫婦でファイアーバードに乗ってドライブしたりするシーンなどが描かれている。その生活様式のイメージこそ、50年代半ばから60年代半ばにかけてのテレビに出現してきたホームドラマの原型になっているように思える。

家電と電子装置にかこまれ、リクリエーションを楽しむ主婦、キッチンでも小綺麗な衣服を着て、労働の苦痛から解放される女性。そこには、消費しかない。しかし、これがあるべきモダンな主婦である。このアメリカのイメージは、日本をはじめとしたアメリカ以外の国々に影響を与えるとともに、自国アメリカにおいても影響を与えたのである。

❖5-18 GM「ポンティアック クラブ・デ・マー」1956 モートラマ会場にて

「消費者にアピールする感情的デザインをゼネラル・モーターズよりも積極的に開発したところはない」とキャデラックについてヴォトレイトは指摘している[6]。

ポンティアック、シボレー、ビュイックなどのクルマが次々にジェットラインのデザインで登場した。この時代、アメリカでは新しいクルマには、新しいファッションを身にまとった女性がそのそばに立って、クルマとファッションの両方を紹介するスタイルをとった。それはひとびとのあこがれとなったのである。

✤5-19 GM「ビュイック センチュリオン」1956

✤5-20 GM「ファイアーバード I」1956

✤5-21 GM「ファイアーバード II」1956

クロニクル　　　　　　　　建築編　　c h r o n i c l e

世界制覇をなし遂げたモダニズムの黄金時代

　1940年東京オリンピック、1942年ローマ万博。そして、ヒトラーとお抱え建築家で軍需相をつとめたアルベルト・シュペーアによるベルリン改造計画「ゲルマニア」。日独伊3国防共協定を締結した枢軸国は、第二次世界大戦前夜、それぞれ都市を舞台に国家的宣伝を意図するイベントを計画した。東京に先立つ1936年のベルリンオリンピックは、総統と宣伝相ヨゼフ・ゲッベルスの狙い通りに一大国家宣伝として成功を収めたが、第二次世界大戦に突入したため、東京オリンピックも、ローマ万博も中止の憂き目にあった。ベルリンの壮大な計画も「テンペルホフ空港」一帯などが完成しただけで、ファシストの夢は幻に終わった。だが、ローマは違った。ムッソリーニのフ

＊5-23　ヴェルナー・マルヒ
「ベルリン・オリンピックスタジアム」1936

ァシスト党がローマ万博の会場を想定して計画した新都市「エウル」は、戦災復興の過程でも営々と建設が進められ、現在では郊外の新都市として定着している。ローマという現代における建築と都市の創造に制約

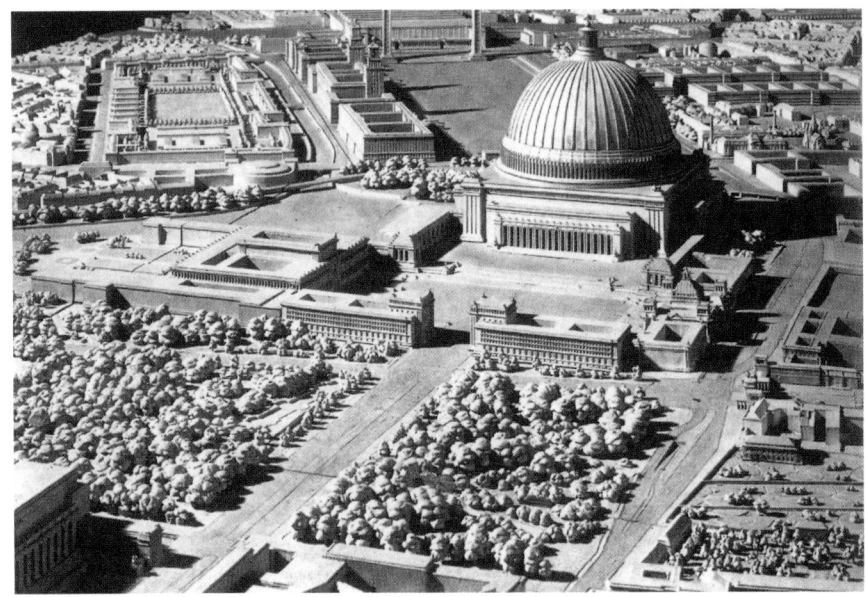

＊5-22　アルベルト・シュペーア　ベルリン改造計画「世界首都ゲルマニア」模型　1939

＊5-24 ローマ万国博覧会(1942)のための新都市「エウル」

のある首都から地下鉄で30分ほど南に離れた立地。豊かな水系に隣接した緑あふれる緩やかな起伏のある一帯に「エウル」は広がっている。

　広い幅員の自動車道路が格子状に走る「エウル」は、歩くのに骨が折れる。ムッソリーニ時代に完成した「労働文明宮」(1940)の無機的なアーチの列を都市軸線上に遠望するとき、ジョルジョ・デ・キリコの描いた無人の街頭を連想する。美しいが空疎な印象を拭えない。この労働文明宮に向かう街路の両側の建築群は、街路に面したところにアーケード(歩廊)を設け、ヨーロッパの伝統的な都市建築が保持してきた規律を再現している。品格を新都市に持たせる選択は効果的だが、それでも平板な新古典主義の建築はどこか「がらんどうさ」が伴う。

　第二次大戦後になって完成した「議事堂」(1952)下階の細く規則的なフレームの列と、その上に載るボールト屋根の幾何図形

＊5-25 ジョバンニ・グエリーニほか「労働文明宮」1940

の取り合わせは、キリコの絵画よろしく人影がない場面でこそ、ファシズムが意図した美学の本質を浮き上がらせる。エウルの建築に共通する大理石を駆使した重苦しいインテリアは、ともすれば威圧的であり、ムッソリーニがいにしえのローマの栄光を強く意識していたことをうかがわせる。

市街地の縁にあたる高台に配された「聖ペトロ・聖パウロ教会」（1942）は、バチカンをはじめとする円形ドームの歴史的な聖堂の形式をコンクリートでなぞったものだ。内部のコンクリート打ち放しの即物的な肌触り、蛍光灯をリング状につないだシャンデリア、色ガラスブロックの正面入口の明かり取りなどが目をひく。近代の美学に根差した斬新で高水準の宗教空間だ。規模こそ違え、ヒトラーとシュペーアが夢想した1万8,000人を収容する「ゲルマニア」のシンボルというべき大ドームも、完成すればこのようなイメージの空間だったのかもしれないと連想が働く。

シュペーアの計画が実現したベルリンのテンペルホフ空港周辺の街区は、空港が本来の機能を失ったこともあり、円形広場を囲む建築の幾何学的な完璧さが、周囲に沈黙を求めているように見える。19世紀都市は遊歩する大衆によって賑わったが、ファシストの絶対権力に依存して建築家たちが構築した「理想の空間」は、どこまでも空疎であり、「静寂」は究極のところ、「死」のイメージに直結してしまう。活気ある都市が一体感を持つとき、ひとの営みを反映した景観は、様式の如何に関わらず心浮き立たせてくれる。だが、ファシストと指示を受けた国家的建築家が夢想した新都市にはそれがない。強制された静寂の美は、一義的な「統一」でしかなく、歴史都市に顕著な多義的な要素が織りなす魅力的な一体感とは大きく隔った存在だ。

為政者とその取り巻きが構想した「上からの視線」で構築された都市の空疎さ。それは強圧的なファシズム固有のものなのだろうか。いや、そうとも決めつけられないのではないかと考える。言論封圧ではファシズムと変わりない社会主義国や共産主義国の都市も、同様に空疎であったことは、旧東ベルリンの「カール・マルクス・アレー」などの軍事パレードのための大通りを歩けば一目瞭然だ。では、第二次世界大戦の戦勝国側の資本主義を奉じるモダニズムの都市がそれを回避しているかというと、とてもそうは思えない。モダニストたちが構想した都市、その代表格と見なされるル・コルビュジエが1920年代に提案したパリ都心部の改造計画がもし実行に移されていれば、同様に整然とはしていても生気のない空間になったのは間違いない。

ル・コルビュジエは、歴史的な街区を、彼の構想に従って再開発すれば、建築の集約、高層化の効用で市民が手にできなかった「太陽」と「緑」と「スペース」が手に入ると訴えた。その主張の表裏、つまり、そうすることによって得られるものと失うものとの比較考量について、一般のひとびとは当初から懐疑的であった。19世紀後半の第二帝政期に皇帝ナポレオン3世とセーヌ県知事オスマンがパリを今日見る姿に改造したとき、都心から貧困層を追い出す施策の是非はあっても、パリの中心を占め、悪評だったスラム的な街区は一掃されていた。ル・コルビュジエの改造の提案は、さらに環境を向上させようというものだが、その「上からの目線」的な発想は、第二帝政の支配者たちと変わりなかった。それを熱狂的に受け入れたのは、提案を万民の福利向上を意図した社会主義的な発想と思い込んだ建築界のモダニズムの信奉者たちだけだったのかもしれない。

実際、「エウル」は、ル・コルビュジエが高層化の代償として入手可能と提案した

第5章 ローウィ以後 〜工業デザインの確立と消費市場

世界制覇をなし遂げたモダニズムの黄金時代

＊5-26　アルナルド・フォッシーニほか「聖ピエトロ・聖パオロ教会」1942

＊5-27　エルンスト・ザーゲビール「テンペルホフ空港」1939

＊5-28 ヘルマン・ヘンセルマンほか「カール・マルクス・アレー」1960

「太陽」も「緑」も「オープンスペース」も手に入れている。しかし、19世紀後半にやはり政治的な要請で構築されたウィーンの環状道路沿いの街区と比較すると、都市が本来、保有する芳醇な美的特性を欠いているように思える。

後者もアドルフ・ロースに「ポチョムキンの都市」と非難されたが、模擬バロックの都市の出で立ちは昔風であったにしても、歴史回帰の建築群を、新しい街区と継ぎ目なく連続させることに成功している。当時のオーストリアの国家的な建築家たち、テオフィル・フォン・ハンセンらが「ポチョムキンの都市」の担い手だが、環状道路開設時に新築された建築は、ハプスブルクの歴史都市にあって、過去の遺産に見劣りしない風格をたたえ、新街区ならではのスケールメリットがもたらした屋外の開放的なスペースも確保している。その都市の姿は、凝り固まった新古典主義や独善的な真正さを掲げるモダニズムの街区が産み落とす寒々とした都市風景とは異なるものだ。

ファシズム都市の多くは幻影に終わった。一方、ル・コルビュジエの提案も実現しなかった。そして、第二次世界大戦が終結すると、世界各地で戦災に遭った都市の復興計画が立案された。モダニズムの建築家たちは、その際、「アテネ憲章」に沿った都市の復興計画を提案した。アテネ憲章は、ル・コルビュジエらが中心になって設立した「近代建築国際会議(CIAM)」の第4回大会(1933)で宣言されたもので、ル・コルビュジエのパリ改造計画などを下敷きに「機能的都市」を目指す原理を指し示していた。現代人の生活を「居住、余暇、労働、交通」のカテゴリーに分類し、それぞれを演繹的に導き出した機能的な要素をもとに、都市のなかに区域分けして配置するものだった。

アテネ憲章は、当座、現代都市構築の指針として歓迎されたが、モダニズムに則った都市の空疎さと不毛は、ほどなく馬脚を現した。複雑に絡み合った人間の暮らしを科学的に解析して、それを機能主義的に現実の都市に反映するという姿勢は必ずしも

間違ってはいない。しかし、解析の結果を、金科玉条として類型化して整列する作業は、生活の「あや」の部分を欠落させてしまう。それなのにアテネ憲章の信奉者たちは、これを万能の「特効薬」と崇め奉り、都市の不毛を増大させてしまった。

第二次大戦後、新都市計画を担ったモダニストは、ル・コルビュジエら第一世代ではなく、その直下に位置する第二世代が中心だった。

ブラジルの建築家オスカー・ニーマイヤーは、自国でル・コルビュジエと共同で設計にあたった経験もあり、巨匠の信奉者になった。折からブラジルでは新首都「ブラジリア」（1960年に遷都）の計画が持ち上がり、ニーマイヤーはこの「ブラジリア」によって第二世代の先頭に立った。純白のモノリシックな高層棟の足元に、お碗を伏せたようなシェル構造の低層棟が鎮座する。この建築の図像は、世界中に配信された。ブラジルという所在地の新味も手伝い、ニーマイヤーはモダニズムの旗手ともてはやされた。だが、建築界では寵児となっても、ブラジリアの社会的な評価は芳しくなかった。そこで働き、住まうひとたちの精神的な不安定が問題視され、ブラジリアは一時期、不毛の新都市の代名詞とさえなった。

丹下健三は、原爆被爆後の「広島復興計画」を立案し、世界から注目される存在になった。原爆ドームと平和記念資料館を軸線で結ぶ都市の骨格を明確にした計画案は、ル・コルビュジエの「輝く都市」の実践に思えた。さまざまの制約から実現は部分的にとどまったが、第二次世界大戦後の世界的な平和希求の心情も丹下の国際的な評価を高める後押しとなった。丹下は1963年に大地震で被災した旧ユーゴスラビアの都市スコピエの再建計画を依頼され、都市をデザインする建築家としての世界的な評価を確立した。

丹下は国内でも高度経済成長下での東京の無限膨張を前提に、東京湾の海上にコンクリートの格子をインフラストラクチャーとして建設する「東京計画1960」を提案した。グリッドの交点にあたる位置に、上下昇降と水道・光熱供給を担う垂直の塔を立

＊5-29 オスカー・ニーマイヤー「ブラジル国民会議議事堂」

❖コラム4 **メタボリズム**

1960年5月、東京で「世界デザイン会議」が開催された。敗戦国日本がようやく戦災復興を一段落させ、広い意味でのデザイン領域の巨匠たちを東京に招聘したこの会議は、国内外で大きな注目を集めた。なかでも、川添登、菊竹清訓、黒川紀章らがこの会議を機に提唱した「メタボリズム」は、国際社会に対して発信された日本オリジナルの都市・建築領域の新思考として、その後長く記憶されることになった。

都市と建築を、生物の新陳代謝(メタボリズム)のメカニズムを援用して、更新していこうとの提案だった。東京湾上にコンクリートのグリッド状のインフラストラクチャーを構築して、都市の拡大に対応する丹下健三の「東京計画」に参加した黒川は、カプセル状の居住空間を「新陳代謝」の具体的な装置とし、後に「中銀カプセルタワービル」(1972)を完成させる。今なお外国人の建築初学者がひきもきらずに訪れることひとつをとっても「メタボリズム」がいかに世界から認知されているかがわかるだろう。

1950年代後半から近代建築の行き詰まりは、すでに認識されつつあった。ル・コルビュジエは常に都市を視野に入れた創造を企てたが実効はあがらなかった。「メタボリズム」は、都市と建築が一度建設されれば固定化するものではなく、時代に応じて変化可能な発想を提言することで、ル・コルビュジエらの限界打破の可能性を示した。「未来像」が幻影ではなく、手を伸ばせば触れられる実感のあった時代ならではの発想だった。

て、格子状の水平の自動車道路がそれらを結ぶ。執務居住空間はコンテナ状で塔に張りつく形式が提案された。需要の増大があれば、塔をさらに増設し、無限の都市拡大にも対応可能とされた。この海上都市計画は、東京オリンピック(1964)前夜の東京改造の先駆けをなすもので、丹下は国家的イベントを司る建築家としての地歩も固めた。

丹下の「東京計画1960」は、個体の建築の形で「静岡新聞・静岡放送東京支社」「山梨文化会館」において実現したが、ユーティリティを収めたシャフトは前者の場合はたった1本だけで、とても想定通りには増殖などせず、構想の次元にとどまった。丹下門下の黒川紀章の「中銀カプセルタワービル」もカプセルによって増殖をまかなう提案であり、これは「東京計画」のスタディから生まれたものだ。

このような建築家の都市への積極的なアプローチは、先駆者でありモダニズムの教祖であったル・コルビュジエに触発されたり、アテネ憲章のうたう都市問題解決への使命感に裏打ちされたりしていたが、必ずしも市民から歓迎されなかった。いやそれ以前にCIAM自体が、すでに1950年代に若い世代に突き上げられ、崩壊に向かっていた。

モダニズムの始祖である巨匠たちの第二次世界大戦後はどうだったのか。ナチスの保守的な建築観を忌避したミース・ファン・デル・ローエは、1930年代後半に米国に渡り、シカゴのイリノイ工科大学に籍を置いた。ミースは、同大学のキャンパス計画を手始めに、ミシガン湖畔の高層住宅「レイク・ショア・ドライブ・アパートメント」(1951)によって彼の身上とする絶対零度の美学を実現し、米国の建築界での指導的地位を確立した。

個人住宅の代表作「ファンズワース邸」(1951)は、施主の女性医師と工費などを巡って訴訟になったが、ミースは美の極限がそこにあるとして、気にかける風もなかった。そして、モダニズムの絶対美を理解する施主を得てマンハッタンに「シーグラム・ビル」(1958)を打ち立て、ステンレス鋼とガラスによる沈黙の意匠を完成させる。アベニュー・オブ・アメリカの大通りに面した「シーグラム・ビル」は、高層化によっ

＊5-30　丹下健三「広島平和記念資料館」1955

＊5-312　丹下健三「山梨文化会館」1966

＊5-31　丹下健三「静岡新聞・静岡放送東京支社」1967

＊5-33 黒川紀章「中銀カプセルタワービル」1972

て足元を広場として開放し、そこに現代美術家の屋外彫刻を配した。高層ビルと広場の彫刻という構成は、20世紀後半の摩天楼の「お手本」として世界の大都市に流布していった。

これに加え、エーロ・サーリネンの「CBSビル」(1965)、SOMの「レバー・ハウス」(1952)、ヴァルター・グロピウスの「パンナム・ビル(現・メットライフ・ビル)」(1963)、さらにミノル・ヤマサキの「ワールド・トレード・センター」(1977)などが揃い踏みし、ニューヨークの摩天楼は、1950年代から70年代にかけてアール・デコの時代に匹敵する活況を呈した。1920年代にいち早くベルリンを舞台にガラスの超高層ビルを提案していたミースの米国への「降臨」は、シカゴとニューヨークという摩天楼都市の活性化に大いに貢献した。

いや、ミースでさえ、ナチスを嫌って米国に亡命しなければ、これだけの超高層ビ

＊5-34 ミース・ファン・デル・ローエ「レイク・ショア・ドライブ・アパートメント」1951

＊5-35 ミース・ファン・デル・ローエ、フィリップ・ジョンソン「シーグラム・ビル」1958

第5章 ローウィ以後〜工業デザインの確立と消費市場

世界制覇をなし遂げたモダニズムの黄金時代

＊5-36 SOM「レバー・ハウス」1952　　＊5-37 ヴァルター・グロピウスら「パンナム・ビル」1963

ルの実践は不可能だった。ヨーロッパにおいて、第二次大戦後の超高層の成功例はあまりに乏しい。ミース自身は、ベルリンでの作品の実現に意欲的だったが、遺作となった「新ナショナルギャラリー」の完成を見ずに亡くなった。このベルリンの美術館は、ミースが生涯取り組んできたⅠ型鋼の規格化を徹底したもので、工業部品を使った史上最高の緊張感あふれる空間を実現している。

ヴァルター・グロピウスは、ナチスの弾圧を逃れて米国に渡り、ハーバード大学の教授となって、モダニズムの思考の浸透に努めた。建築家としては、設計組織「TAC」を率いて、先述の「パンナム・ビル」などを手がけたが、ミースとの力量差は大きく、秀作は残せなかった。

ヨーロッパに残ったル・コルビュジエは、黄金比をもとに居住空間の寸法を割り出した「ユニテ・ダビタシオン」（仏マルセイユ）、コンクリートの瞑想空間「ラ・トゥーレット修道院」、モダニズムの幾何学から一転して可塑的なボリュームを駆使した「ロンシャン礼拝堂」などを手がけた。広報効果を意識した警句にあふれた言説は健在で、モダニズムの議論の中心にあり続けた。都市デザインの実践としては、インドのチャンディーガルがある。孤高の存在を自ら任じた一生だった。

戦前から米国人でありながら、米国の社会に対して敵愾心あふれる行動をとり続けたアメリカンアーキテクトの王者フランク・ロイド・ライトは、スパイラル状の傾斜した展示空間を配した「グッゲンハイム美術館」を世に問うた。芸術家を巻き込んだ大規模な論争が起きて、ライトへの批判は高まった。ライトは平然とそれをやり過ごし、施主を熱心に口説き落として、「わ

がパンテオン」と呼ぶアトリウム空間を完成させた。アリゾナの砂漠に自身の信奉者の若者たちと集団生活し創作に臨むなど、カリスマとしての存在感は終生衰えを知らなかった。

1960年代をモダニズムの絶頂期と見なすのは、あながち的外れではあるまい。ヨーロッパから亡命してきたモダニストたちの多くが米国の大学で教壇に立ち、自身も作品を手がけながら、大学のスタジオで多くの後進を育てた。歴史的な都市資産がヨーロッパに比べると圧倒的に少なく、また、無限のフロンティアと呼ばれるように広大な国土を持つ米国は、新たな建築の創造に適していた。加えて、東欧、中南米などからも、開かれた米国ならではの研究環境を求める若い才能が新大陸に集結した。彼らは、始祖たちの教えに導かれて、モダニズムの建築を次々と実現していった。

ヨーロッパでは、英国がモダニズムを新たな次元へと展開する試みに意欲的で、ジェームス・スターリングらがブルータリズムと称する、荒々しい肌合いを露出した即物感を掲げて、1950年代以降、地歩を確保した。また、北欧ではアルヴァー・アールトが健在で、モダニズムにフィンランドの風土性をおりこんだ煉瓦と自然木の肌合いを生かした幾何立体の造形を確立、モダニズムのローカライズの成功例として、わが国にも大きな影響を与えた。

❖コラム5 ミノル・ヤマサキ ❖

1972年に米セントルイスの「プルーイット・アイゴー団地」が、そして、2001年にニューヨークの「ワールド・トレード・センター」が、事情はまったく違うにせよ、いずれも爆破されたことで、ミノル・ヤマサキ（1912-1986）の存在感は、近代建築史上であまりに強烈なものになってしまった。

黒人を中心にした居住区を、質の高い集合住宅群で再生させようとした前者は、住みこなせないほどの治安の悪化を招き、持て余した当局の手で爆破された。市街地に接しながらも跡地は空地のままだ。

後者は、同時多発テロの標的となった。跡地は「1WTC（ワン・ワールド・トレード・センター）」が中心にそびえるオフィス街区に再生されつつあるが、再開発案そのものを巡っての議論がつきない。

ヤマサキは、モダニズムの絶頂期に、華麗さを追求したデザインで称賛を集めた。「ワールド・トレード・センター」の外壁を飾る美しい垂直線が形づくる装飾性が彼の作品の特性を示していた。しかし、「プルーイット・アイゴー団地」の破綻はモダニズムの蹉跌の象徴と嘲られ、同時多発テロではアメリカのグローバリズムの罪状を一身に集めたかのような扱いになった。その意味では、矛盾を飲み込んで繁栄を謳歌した米国が生んだ建築家の作品の悲劇的な結末だった。

修業時代に、「エンパイアステート・ビルディング」を手がけたシュリーブ、ラム、ハーモン事務所、そして、レイモンド・ローウィの事務所にも籍を置いたことがある。その経歴もまた極めてアメリカ的な軌跡をたどった建築家だった。

＊5-38 ミノル・ヤマサキ「ワールド・トレード・センター」1977

＊5-39　ル・コルビュジエ「ユニテ・ダピタシオン（ベルリン）」1957

◆コラム6◆ ブルータリズム

　1950年代に、英国の若い建築家たちから「ブルータリズム」が提起されたとき、彼らの攻撃対象は、モダニズムの名を借りたおためごかしの人道主義と、経験主義などの保守思考だった。モダニズムを本来の姿、彼らが考える構造や素材を粉飾することなく表現する原像に沿った形で展開させることが唱えられた。型枠の痕跡を敢えてとどめたコンクリートの荒々しい肌、剥き出しの配管類、常識的には目を背けたくなるような肌触りに、彼らはモダニズムの真正さを託した。

　折から英国は「怒れる若者たち」が文学の世界を跋扈していた。戦後社会の歪み、そして、復興が一段落して新たな既得権が支配しはじめた状況を、若者たちは看過できず、「怒り」をかきたてていた。ブルータリズムは、そのような1950年代の社会相の産物だった。だが一方で、1960年代後半の異議申し立ての嵐のなかでは、モダニズムの即物感そのものが非人間性の象徴として批判されたことを考え合わせると、ブルータリズムの主張は文字通りひと昔前の産物と見なされる。

　21世紀に入ってからの英国では、ブルータリズムをクールな表現として見直す動きが起きている。たとえば、ゴールドフィンガー（友人のイアン・フレミングが、映画「007」の悪役の名前に借用した）が設計した「トレリック・タワー」は、モダニズム批判の時期の荒廃を乗り越えて、再生された。その点では、今や回帰の対照である立派な「過去の様式」なのだ。

＊5-40　エルノ・ゴールドフィンガー「トレリック・タワー」1972

デザイン／近代建築史
The History of Design / Modern Architecture

第 6 章
1960年代→現在

政治、経済、情報環境の絶え間ざる変化の渦中で

時代概要................1960年代→現在

モダンデザインの変質と脱近代

　1968年と1989年。この2つの年がこの時期における、いや、そこにとどまらず現代に至るまでの文化的な大きな分水嶺となった。1968年は、フランス・パリで「五月革命」の起きた年である。前年にパリ大学のナンテール校から始まった学生たちによる「異議申し立て」は、多くの市民の共感を得て、ド・ゴール体制が維持してきた第二次世界大戦後の諸制度の矛盾への抗議の形をとり、街頭闘争に拡大した。このフランスに始まる戦後体制への異議申し立ては、世界中に飛び火し、若い世代による抗議活動が大都市で続発した。

　政治的な事件だったのはいうまでもない。しかし、体制への抗議が都市の街頭での活動の形をとったことを踏まえると、文化的な価値の孵化器であり、培養器でもあるはずの近代都市そのものの存在が問われたと見なすことができるだろう。

　鉄のカーテンに象徴される東西対立が膠着化し、折からベトナムへの米国の介入が厭戦気分を高めていた。そこに至る過程で急がれた第二次世界大戦後の戦災復興は、モダニズムの社会主義的な側面をひとまず忘却し、機能主義・合理主義に効率優先の原則を重ね合わせ、モダニズムの専制のもとに進められたといっても過言ではあるまい。モダニズムは体制の思惟そのものであり、1968年に及んでの「異議申し立て」が突きつけた戦後体制固定化への疑義は、そのままモダニズムにも呈されたと見なせよう。

　演劇やパフォーミングアーツの世界では、ピーター・ブルックの劇団や暗黒舞踏の集

★6-1 フィリップ・ジョンソン「AT&Tビル」1984

団などが、モダニズムのもたらした空疎な純白の未来志向の世界観に揺さぶりをかけた。そうした広範囲に及ぶ異議申し立てに呼応するかのように、のちにポスト・モダンという呼称で総括されることになる、モダニズムの不備を批判し、超越するためのさまざまな動きが、デザイン、建築の世界でも活性化していった。デザインの世界における倉俣史朗、粟津潔、建築における竹山実、磯崎新、黒川紀章ら、日本の創作者もこの「異議申し立て」の潮流のなかで、世界へと漕ぎだしていった。

　1989年の「事件」は、第二次世界大戦後

★6-2 ジャン・ヌーヴェル「ギャラリー・ラファイエット」1996

の冷戦構造を崩壊させた。東西ベルリンを隔てていた「壁」が市民の蜂起によって取り払われ、世界は一瞬、「幸福な一体感」に包まれた。しかし、現実に待ち受けていたのは、「グローバリゼーション」という美名のもとでの金融資本の暴走だった。金融がすべての産業を支配し、その一挙手一投足で世界が右往左往させられる時代の到来だった。都市は、そうした金融資本の設定した投資債券の格好の対象となった。「公共」は非効率な社会主義体制の残滓と見なされ、「民営化」「民間活力導入」といったスローガンが横行した。そして、社会的な意義を認知されていた数々の文化的営為も、非効率のきわみとして排除されていった。

「異議申し立て」は、流行の一形態として、ファッションの世界のグランジなどの形で都合よく商品化されたが、「グローバリゼーション」の波が押し寄せてきたとき、表現文化の領域でそれに抗する動きはほとんど起きなかった。いや、それどころか、表現芸術が地球規模のマーケットで高い対価で取引されるのを知ったとき、表現者の多くが自らの個性を「付加価値」として喧伝しマーケットへの訴求をはかろうとしたのである。

そして、デザインも建築も、囲われた各々の領域で、それこそファッションのコレクションのような形で新作を発表しては、限られたトライブ（部族）のなかでの評価に一喜一憂する状況が定着した。インターネットのバーチャル空間が拡大するなかで、こうした状況への「次の異議申し立て」がいつ、どんな形で起こるのか、正直、期待と不安とが半ばしている。

★6-3 レンゾ・ピアノ、リチャード・ロジャース「ポンピドゥー・センター」1977

年	出来事（展覧会／グループ／都市）	作品（デザイン／建築／出版）	社会
1960年	世界デザイン会議（日） メタボリズム宣言（日）	ル・コルビュジエ「ラ・トゥーレット修道院」（仏）	安保闘争
1961年		丹下健三「東京計画1960」	ベルリンの壁建設
1962年		E.サーリネン「TWAターミナル」（米） R.ヴェンチューリ「母の家」（米）	キューバ危機
1963年		W.グロピウス「パンナム・ビル」（米）	ケネディ大統領暗殺 日本最初の原子力発電
1964年			東京オリンピック
1965年		E.サーリネン「CBSビル」（米）	米、ベトナム爆撃開始
1966年		R.ヴェンチューリ『建築の多様性と対立性』	中国文化大革命
1967年	モントリオール万国博覧会（カナダ）	B.フラー「モントリオール万博・アメリカ館」	
1968年			パリ5月革命
1969年	日本産業デザイン振興会発足	E.ソットサス「バレンタイン」（伊）	アポロ11号月面着陸
1970年	日本万国博覧会（大阪）		
1972年			ニクソン、中国訪問 日中国交正常化
1973年	世界インダストリアルデザイン会議（日）		オイルショック 米、ベトナム撤退
1975年			マイクロソフト社設立
1976年			毛沢東死去
1977年		M.ヤマサキ「ワールド・トレード・センター」（米） R.ピアノ、R.ロジャース「ポンピドゥー・センター」（仏） C.ジェンクス『ポスト・モダニズムの建築言語』	
1978年			日中平和友好条約
1979年	ソニー「ウォークマン」発売	J.F.リオタール『ポスト・モダンの条件』	ソ連アフガニスタン侵攻
1980年			イラン・イラク戦争
1981年	E.ソットサスほか「メンフィス」結成	スタジオ・アルキミア「未完の家具」（伊）	
1982年		M.グレイブス「ポートランド市庁舎」（米）	フォークランド紛争
1984年	アップル社「マッキントッシュ」発売	P.ジョンソン「AT&Tビル」（米）	
1985年	国際科学技術博覧会（日）		
1986年		「マッド・ハウザーズ・ハット」（米）	チェルノブイリ原発事故
1988年	「ディコンストラクティヴィスト・アーキテクチャー」展（P.ジョンソン監修、MoMA、米）		
1989年	世界デザイン博覧会（日） デザインミュージアム開館（英）		天安門事件 ベルリンの壁崩壊 土地バブル、頂点に（日）

1960年代→現在

年譜

クロニクル………………………デザイン編　chronicle

異議申し立てを超えて

対抗文化から近代主義批判へ

　1960年代後半から70年代にかけて、にわかに近代あるいは支配的システムに対する急進的な批判が、連鎖するように産業先進国に広がった。それには、アメリカにおける学生を中心とした批判活動が、大きな影響力を持ったといえるだろう。

　ベトナム戦争への批判、大学のシステムに対する批判、人種差別や性差別への批判そして近代のシステムそのものへの批判が相互に関連し共鳴し合った。政治運動を超え、いわゆる対抗文化と呼ばれる文化現象となっていった。

　対抗文化の実質的な現象は多様であった。そのひとつに、よく知られる「フラワーチルドレン」がある。1967年にニューヨークのセントラル・パークで「ただなんとはなしの革命」ということで、花をシンボルにした「ビー・イン」(ヒューマンビーイング＝人間とシット・イン＝座り込みを引っかけた言葉といわれている)が行われ、それを契機に「フラワーチルドレン」という言葉が一般化した。この対抗文化は、ポップスにも浸透し、同時代の若者たちをとらえていった。

　また、「ただなんとはなしの革命」という言葉が、この時代の批判と対抗文化の特徴を示している。つまり、それは悟性的あるいは理性的な運動ではなく、感覚的であろうとしたことからうかがえる。理由のつか

✤6-4　マルク・リブー(撮影)「Young girl with a flower」1967.10.21
ワシントンD.C.で行われたベトナム戦争に対するビー・イン

©MARC RIBOUD

第6章　政治、経済、情報環境の絶え間ざる変化の渦中で

153

◆コラム1◆ ホール・アース・カタログ

✢6-5
『ホール・アース・カタログ』誌

1968年から72年まで、米国で発行された『ホール・アース・カタログ』は、19世紀に始まる工業製品と市場、そして消費者の関係を市民の視線で再検証する画期的な出版物だった。編集にあたったスチュワート・ブランドは、地球上に存在する事物を「道具として有用」「自立教育に関係する」「高品質または低価格」「共有の知恵となっていない」「郵便で送れる」という5つの判断基準で選び出して掲載した。バックミンスター・フラーの思想から日用品に至るまでもがリストアップされた。

工業化社会は、消費者の嗜好を踏まえ顔色をうかがうように、形に反映させて(デザインして)、市場に送り込んだ。消費者は工業製品を使うことでバラ色の明日を約束してくれたがゆえに、企業主導の製造から販売までの経路を容認してきた。しかし、『ホール・アース・カタログ』が刊行され始めたとき(パリの五月革命と同年)、すでにそうした資本主義の市場システムそのものへの懐疑が、米国ではヒッピーカルチャーなどの形で「異議申し立て」された。

『ホール・アース・カタログ』は、市場の主導役を消費者の価値判断、しかも、若者のそれに移行させるという点で画期的なものであった。アップルのスティーブ・ジョブズが2005年に「ペーパーバックのグーグル」と位置付けたことで再注目されている。消費社会への最初の自然体での警鐘として大きな役割を果たしたがためだ。

めない戦争に対する不安といらだちの気分が、アメリカでは深いところへ浸透していき、やがて一切のシステムに対する批判へと広がっていった。そして、産業(工業)社会に対して脱産業(脱工業)社会(ポストインダストリアル・ソサエティ)という言葉も生み出した。

近代への問い

この対抗文化運動は、それまでの文化のメインストリームに抗うと同時に、自らの生活環境を構成してきた近代主義に対する批判を含んでいた。

デザインの領域では、近代主義(モダニズム)批判とともに、消費社会に対応するデザインへの批判が出てきた。モダニズムの結果として目の前にある都市や住まいや生活装置は、自らの存在の根拠とはならないのではないかという、存在論的な問いが潜在的に含まれていた。さらには、モダニズムによって構成された生活環境や消費社会から、わたしたちは疎外されてしまっているのではないかという問いも含んでいた。

とはいえ、この時点まで、批判の対象となるモダニズムがどのようなものであったのかということは、明確にされていたわけではない。むしろ、近代性とは何かという問いかけがここから新たに始まった。

よりよい環境を実現すべく実践されてきたはずのデザインが、結果としてわたしたちの生活を危機的なものとしたのではないかという、疑問もまた、モダニズムへの問いと重なり合うものであった。

金属やガラス、コンクリートやプラスチックを使った生活環境は、安全とはいえない。高速度の移動装置は、日々多数の死者を出している。また、大気を汚染して健康も害している。こうした事柄は解決されないまま持ち越されている。そうした問題に素朴な批判の目が向けられた。

モダン・デザインを象徴するものとしてバウハウスのデザインにも批判的な目が向けられた。バウハウスとは、その理念に「機械的合理主義」を持つからだというのが、その理由だった。現在ではバウハウスが神秘主義的な思考をも内包していたものであることがわかってきている。また、ワイマール時代のバウハウスは、むしろアーツ・アンド・クラフツ的な要素が強かった。バウハウスに対する批判の矛先は、機械的合理主義の象徴としてのバウハウスであった。その批判の根拠は、きわめて単純なものであった。機械的な規範によって生み出されたものが、有機的な生命体である人間や自然をコントロールすることは、人間や自然を機械的規範に取り込んでしまうことになりはしないかといったものであった。したがって、それは、機械支配に対する批判だったともいえるだろう。

現在でも議論になりうるのは、バウハウスは、生活環境を普遍的（ユニバーサル）なデザインによって構成しようとする思考を持っていた点であろう。これは、20世紀のデザイン思考の多くに共通する。機械的合理主義よりも、むしろ普遍的な理想のほうが、モダニズムを特徴づけてきた。ある特定のデザインによって、日常生活を均質に覆っていく。それは平等の理念と、経済性を含んでいた。

脱工業化社会のデザイン

このように60年代後半から70年代にかけては、産業社会、消費社会に批判が向けられていた。

社会学者のアンリ・ルフェーブルは、1971年にニューヨーク近代美術館（MoMA）において、前望的な議論が行われたことを報告している。そこでは消費財についての議論があり、どれほど経済的に豊かになろうが、アメリカの家庭で、複数のクルマを持ち、複数のテレビを購入することにはならないだろうという、消費の限界が確認されたのだという。そして、「未来の社会は《工業社会》ではなく、都市社会となるだろう」と述べている(1)。つまり、はっきりとポスト・インダストリアル・ソサエティ（このタームは後にポスト・モダンというタームに置き換えられることになる）を期待しているのである。また、ルフェーブルが指摘する都市社会とは、産業技術を背景にした都市計画の論理によってではなく、存在論的な都市の実践によって実現されるものといえるだろう。それは、「日常生活批判」と関わっている。そうした状況でのデザインとデザインの役割について、当時、参加者たちはきわめて希望的な観測を持っていた。

「《デザイン》ということばは、ここでは方向と希望をあたえられている。《デザイナー》こそ真のデミウルゴス［造化神］であり、新しい《価値》が与えられれば、環境を変え、新たな空間を創り出すことができるだろう、というわけだ。［自由］の《デザイン》は、ある任務をおびている。つまり、その新しい価値を具現し、上部構造と社会の空間的な形態とのあいだに、ふたたび照応関係をうちたてるというのである」(2)

翌72年には、MoMAによるこうした前望的議論をテーマに、ミシェル・フーコー、ロラン・バルト、ウンベルト・エーコ、ジャン・ボードリヤール、さらにイタリアのデザイン理論家ジロ・ドレフレスたちが参加して、シンポジウムが行われた。議論のなかで、ルフェーブルは、工業的合理性によってすすめられる日常生活の組織化（デザイン）が批判されるべきであり、生活の空間が道具空間としてデザインされ商品化されている現状への批判がなされるべきであることがどうやら、確認されたと述べている。

このようなポスト・インダストリアル・ソサエティ（ポスト・モダン）への前望的議論の予測に反し、わたしたちは複数のクルマやテレビを持つことになる。そして、80年代後半に加速した過剰な消費の中で、ポスト・モダン・デザインが語られることになった。そこで語られたポスト・モダンは、あきらかに60年代後半から70年代のポスト・モダン（ポスト・インダストリー）の議論とのずれをもっていた。

ポスト・モダン・デザイン

1980年代、産業国を中心に、社会環境の電子化が急速に進展していった。また、新たな情報環境の広がりと関わりながら、東西の政治力学が崩壊、変容していった。日本では、公社などの民営化、低金利政策、土地や建築の規制緩和などが複合化して、いわゆるバブルと呼ばれる経済状況が生まれた。

80年代、社会の急激な変化を反映するかのように、これまでのモダニズムに依拠しているとは思えない建築やデザインが出現した。それらをとりあえず「ポスト・モダン」と呼ぶことになった。

デザインの領域では、ポスト・モダンは、80年代のイタリアを中心に出現し、世界中に広がった。それは、20世紀前半の機械的な合理主義のモダン・デザインに対抗するものとして現れた。イタリアでは、アレッサンドロ・メンディーニやエットーレ・ソットサスらが、そうした現象を代表していた。

メンディーニは自ら製品のデザインも手がけているが、当時は「スタジオ・アルキミア」というデザイナーのグループの代表として活動した。スタジオ・アルキミアは、1981年に「未完の家具」というタイトルで、テーブル、椅子、棚などの家具を複数のデザイナーのコラボレーションによって実現している。家具の脚、取っ手、装飾、ファブリックなどを別々のデザイナーが手がけ、それをひとつの家具として合成してしまう。したがって、そのデザインには、ひとりのデザイナーによるデザインの統一感はなく、むしろ、混乱した印象さえ与えた。コラージュともいえるそのデザインは、モダン・デザインの持つ合理的な感覚とは異質な視覚的印象をつくり出した。

エットーレ・ソットサスは、1969年、オリベッティのデザイナーとして、タイプライター「バレンタイン」をデザインしている。これは1980年代に展開するグループ「メンフィス」のデザインとは異なり、工業製品としての整合性を持っていた。プラスチックのケースにタイプライター本体が無駄なく収まり、素材の扱いも、整合性を持っており戦後イタリアのモダン・デザインを代表する製品のひとつになっている。

そうしたモダン・デザインを手がけていたソットサスが、ミラノを中心にして、1981年にデザイナーの集団「メンフィス」を結成した。メンフィスの活動は80年代のポスト・モダン・デザインの状況のひとつを代表していた。当初のメンバーは、マルコ・ザニーニ、マテオ・テュン、ミケ

✤6-6 梅田正徳「月苑」1990

レ・デ・ルッキ、バルバラ・ラディチェらがいる。のちに、国際的に広がり、日本から梅田正徳らも加わった。

　メンフィスの特徴は、ソットサスやデ・ルッキの家具に見ることができる。玩具のように鮮やかな色彩。それはプラスチック時代の色彩感覚を反映している。その形態は、それまでの大量生産品にはない自在なもので、様式がはっきりせず、中心となるものが不在で無国籍的だ。それは、バウハウスに象徴される一貫したシステムによって環境を構成するものではなく、消費社会が生み出したポップ(大衆的)なものの伝統の延長にあった。メンフィスのデザインは、電子時代のポップと呼んでもいいかもしれない。

　こうした中心のない零度ともいえる文化が、ポスト・モダンの状況のひとつの特徴であることは、ジャン＝フランソワ・リオタールが指摘したとおりである。

第6章 政治、経済、情報環境の絶え間ざる変化の渦中で

異議申し立てを超えて

この新しい傾向のデザインは、たちまち広がり、日用品にも影響が現れた。日用品のデザインは、それぞれが違いを強調して差異化されはじめた。その結果、膨大な数のデザインの異なる製品が市場に氾濫していった。

モダニズムという物語

デザインなどに現れたこうした現象、そしてその時代の社会全体をポスト・モダンと呼ぶことに、大きな影響を与えたのは、ジャン＝フランソワ・リオタールの『ポスト・モダンの条件』であった。リオタールは、そうしたデザインあるいは建築などに現れてきた現象、そしてそれを生み出した社会そのものをとりあえず「ポスト・モダン」と呼んだ。「高度に発達した先進社会における知の現在の状況」「われわれはそれを《ポスト・モダン》と呼ぶことにした」というわけである[3]。それは、肯定的でも否定的でもなく、リオタールは、とりあえず事態を名づけ、社会環境の大きな変化を現実的あるいは予見的にとらえてみせた。つまり、あらゆる言説の正当性の根拠となる、精神の弁証法、意味の解釈学、理性的人間あるいは労働する主体の解放、富の発展、といった、いわゆる「大きな物語」を喪失し、「多くの異なった言語ゲーム」が散乱している現状をとらえた[4]。「大きな物語」がいわば「近代の物語」であってみれば、それが成立しなくなった状況は、ポスト・モダンとしか名づけようもないというわけである。「大きな物語」は、啓蒙であったり、倫理的・政治的なよき目的であったりしてきた。いってみれば、そうした「大きな物語」は社会、論理、政治、もろもろの正当性を保証する規範として機能してきた。それが崩れたということである。そのことをリオタールは悲観しているわけではない。多様な言語の可能性とともに、それゆえ公約不可能なものに耐えるわたしたちの能力を強化する可能性をリオタールは見ている。

ポスト・モダンな状況の中では、たとえば、知識が精神形成の価値や政治的な重要性に基づいて広がっていくのではなく、貨幣と同様にネットワークによって流通する。知識は市場の中で、電子的なネットワークを介して消費される。リオタールのこうした指摘は、現在ますます日常的なものとなっている。すべての知識は情報という商品でしかないということだ。

確かに、文化的中心も階層性も消失した状況というのは、わたしたちの文化的抑圧を取り去ってくれる。過剰消費社会における市場は、一面において、そうした状況を実現したのである。

少なくとも日本では1980年代における過剰消費が広がる経済状況も相まって、リオタールやジャン・ボードリヤールが予見的に説明したポスト・モダンな状況を、現状の説明として受容し、現状を肯定することにもなった。つまり、文化的な中心も階層性も消失し、消費の戯れに任せればそれでよいというポスト・モダン論へと向かった。そこでのデザインは、金融、規制緩和に向かう新保守主義、あるいは新自由主義そして電子テクノロジーの浸透などが相互に結びつきながら引き起こされた結果の現象であった。

ホームレス、孤独な老人、戦争、人種や性の差別。近代が生んだ問題をモダン・デザインは解決できなかった。もちろん、近代の政治イデオロギーも同様であった。

80年代に広がったポスト・モダンは、近代が生み出し、拡大した課題を解決したわけではなかった。近代社会に内在する問題——たとえば貧困、性差別、民族差別など——に目を向けることなく、むしろ迂回していく傾向が広がっていく、わたしたち

❖コラム2❖ **王室のポスト・モダン**

プリンス・オブ・ウェールズ、すなわちチャールズ皇太子が、自らテレビ番組のリポーターとなり、モダニズムの建築を批判したことに、多くのひとたちが驚いた。放映は1988年10月。BBCの建築ドキュメンタリー番組だった。折から、世界は米・レーガン、英・サッチャー、日本・中曾根康弘の3首脳が、あらゆる領域への民間活力導入をうたいあげ、皇太子のお膝元ロンドンは、疲弊しきっていた旧市街地が、民間の手でつくり替えられようとしていた。

皇太子はそこでの建築家の専横にストップをかけようとした。旧来の英国の都市市街地や郊外の集落の豊かさを訴え、それを破壊する現代建築家の活動を指弾した。そして、現代の創作者のなかで、昔の建築の細部を復元するような技法を駆使するひとたちを後押しした。まさに、ポスト・モダンの思考の現実的な実践だった。

建築家たちは反発した。英国最大の地主による懐古的な建築観の押し付けだというわけである。しかし、市民はたとえば金融街シティーの昔の風合いの継続を望み、自らテレビリポーターまで買って出た皇太子の主張に共感を示すひとが多かった。

結末は意外な形でやって来た。ダイアナ妃との離婚、そして妃の事故死と不幸が続き、その責任を問う声が高まった。建築の是非の次元ではなく、皇太子は「未来の王」としての資質を問われた。皇太子の提起は、議論の最終局面まで到達せず、その意味では志半ばに終わった。

❖6-7 シドニー・スマーク
「大英博物館図書室」1857
チャールズ皇太子が称賛する建築

の社会のあり方を、リオタールの言説は結果として言い当てていた。モダン・デザインのテーマと理念は解決、実現されることはなかった。

モダニズムそしてモダン・デザインのプロジェクトは、確かに20世紀の生活環境を構成した。モダニズムの政治的位置づけは、肯定的にも否定的にもみることが可能である。しかしながら、結果として、モダニズムの計画（デザイン）の理念は、電子テクノロジーによって時間的にも空間的にも高速度化とグローバル化した状況（ポスト・モダンな状況）のなかで、それを支える枠組みがなし崩しになってしまったのである。

✿6-8, 9 「safe: Design Takes on Risk」展 2005-06 ニューヨーク近代美術館

再び問題へ

　近代社会は、人工的に集団や社会を形成し、そこに一定の規範を設けてきたにもかかわらず、結果的には消費社会は集団主義を崩壊させ、消費への欲望を個人化させ、ひとびとをアトム化させてきた。ポータブル型のトランジスターラジオにはじまり、携帯電話やパーソナルコンピュータに至るまで、わたしたちの社会は個人使用型のデザインを次々に実現してきた。そうした個人使用のデザインが、ひとびとをアトム化する傾向を促進する条件を整えていった。また、携帯電話やパソコンは、近代社会を支えてきた規範あるいは約束事を無効にしてしまうコミュニケーションを生み出した。2000年以降、電子技術は、さまざまなものをパーソナル化させている。また、デザインも個人化する傾向にある。

　こうした現象とは別に、80年代から90年代においては、あまり目を向けられなかった問題に、2000年代になって視線が向けられはじめている。すでにふれたように、自然環境、ホームレス、孤独な老人(あるいは高齢化問題)、戦争、人種や性の差別といったモダン・デザインが解決することができなかった近代社会の問題(それこそモダン・デザインの当初のテーマであった)を、再びデザインの問題とするプロジェクトが出現してきた。

　たとえば、2005年、ニューヨーク近代美術館(MoMA)では、『safe: Design Takes On Risk』(「安全・デザインがリスクを引き受ける」)展が開催された。暴力、けが、病気、災害、犯罪からはじまり、地雷など

✤6-10　シンシア・スミス『残りの90%のためのデザイン』2007

による事故などに対する道具や装置のデザインが展示された。具体的には、身体を守るヘルメットのようなものから衣服、そしてシェルター、救急医療装置そして新たな情報装置などのデザインである。

アメリカは、日常的治安の問題も少なくないが、2001年の9・11事件や2005年のハリケーン・カトリーナの災害などを受け、「危機」への現実的認識と「安全」への意識が急速に高まった。そうしたことを背景にしてMoMAでの「安全」展が企画された。

また、カナダのデザイナー、ブルース・マウの企画によりオンタリオ美術館(AGO)で開催した大展覧会「マッシブ・チェンジ」(2005)も、貧困や戦争に目をむけている。展覧会の副題には「グローバルデザインの未来」となっている。この展覧会では、会場の入り口では、「現在、わたしたちに何ができるのか?」と問いかける。

現在の科学技術は、大きく変化し、継続できる移動システム、エネルギーのシステム、不可視を可視化するシステム、需要と供給のシステム、新素材の出現、戦争ではなく生命へのサービス、廃棄のシステム、貧困の問題などに関して、有効な処方を提供しうる状況にあり、それは、わたしたちの生活環境をマッシブ(大規模)にチェンジ(変化)させる可能性を大きく含んでいるのだとブルース・マウは主張している[5]。

また、2007年、ニューヨークのデザインミュージアム「クーパー・ヒューイット」で開催された「残り(ほかの)90%」展では、消費生活を送っているひとびとは地球規模では10%にすぎず、残りの90%のひとびとのためのデザインこそ必要であることを提案した。

❖コラム3❖ インターフェースのデザイン ❖

1979年にソニーが発売した「ウォークマン」は、全世界の若者の生活習慣を激変させる革命的な商品だった。恐らく、日本のオリジナルの機械製品が、市民生活にここまで大きな影響を及ぼしたことは、それまでもそれ以後もなかった。黒木靖夫らが手がけた「ウォークマン」は、メカトロニクスの真髄だった。

メカトロニクスという用語自体が安川電機による造語で、メカニクス(機械仕掛け)とエレクトロニクス(電気工学)を合体させたもの。移動中の振動を受けても、精密な小型モーターを中心にした機構がカセットテープを正確に再生する仕組みと、めりはりの効いた感触の押し込みボタンがもたらす、インターフェースの「小気味よさ」がこの掌中の音楽再生機にあった。

しかし、音楽がネットワーク配信になった時点で、登場したアップルの「iPod」は、さらに革新的なインターフェースで「ウォークマン」の圧倒的な優位を切り崩した。突起がほとんどない本体の中央に配したホイールを軽くなぞる感覚的なインターフェースは、機械的な駆動部分を完全に駆逐した新しい音楽端末の存在を、直感的にユーザーに伝えた。

❖6-11 アップル「iPod classic」2007

もちろん、配信ネットワークの確立が「iPod」の爆発的なヒットの欠かさざる必要条件ではあった。しかし、インターフェースの秀逸なデザインがあってこそ、シェアは逆転したとも考えられる。21世紀のデザインのあり方を考えさせる転換の一幕であった。

貧困は、第三世界にのみあるわけではない。都市生活者にも見られる。2005年8月のアメリカ、ニューオリンズ周辺を襲ったハリケーン・カトリーナは、豊かではない生活者にさらなるダメージを与えた。産業先進国のようにインフラストラクチャーが整備されていない地域もまた、貧困が直接的、間接的なダメージの要因となっている。そうした広い意味での貧困な状況にある生活者へのデザインの提案が行われた。

　たとえば、アメリカのアトランタやシカゴなどの都市部におけるホームレスを対象としたプロジェクトとして、1986年以来「マッド・ハウザーズ・ハット」という仮設小屋供給プロジェクトが、「残り90％」展では紹介されている[6]。

　また、ハリケーン・カトリーナの後に残された廃材を利用した家具供給プロジェクト（カトリーナ・家具プロジェクト）も取り上げられた。このプロジェクトは、ノン・プロフィットの組織によって若い建築家やテキサス大学の学生が組織に参加して、進められている。

　住宅に水道が完備していない南アフリカのピーターズバーグでは、ポリタンクに水を入れて運ぶことが大変な作業となっている。そのポリタンクは「Qドラム」と呼ばれ、ドーナツ型のデザインにした。これは、ロープをつけて、転がして移動することができる。まさにデザインによる処方の典型である。

　また、販売、マーケティングなど市場原理によらず、OSにリナックスなどを利用することで、ラップトップ・コンピュータをきわめて廉価にすることができる。そうしたアイデアによるコンピュータを子どもたちにひとりずつに供給するプロジェクトもある。これは、遠隔地教育の重要なメディアである。1980年代にコロンビアやコスタリカなどで始まった、テレコミュニケーションのプロジェクトが現在「Wi-Fi and WiMAX」と呼ばれ、ラップトップ・コンピュータを子どもたちに供給するという方向に向かっている。

　「残り90％」展のプロジェクトに共通するのは、「デザインはマーケティングでは実現しない」「デザインはマーケティングではない」ということだ。また、デザイナーに要求されることは、クライアントを説得する技術やプレゼンテーション技術ではない。そうしたことではなく、たとえば、切羽詰まった貧困な生活をいかによりよくするかというまさに具体的なデザインの提案なのだ。このことは、デザインはマーケティングでは実現できないという事実を暗示している。

　1960年代末から70年代にかけて、いわゆる「対抗文化」が広がった時代については先にふれた。その時代に、わたしたちの生活をいかに組み替え、サヴァイヴするかと問いかけるカタログ形式の出版物がアメリカで次々に刊行された。最も典型的なものはスチュアート・ブランドが編集した『全地球カタログ（ホール・アース・カタログ）』である[7]。そこには、天候などの自然環境の読み方から、シェルターのつくり方、あるいは水道などの生活に関わるシステムの知識がカタログ化されていた。やはり同時代に刊行された『新しい女性の生き残り資料集』も同様の志向からつくられたカタログである[8]。「仕事」「マネー」「健康」「ライフスタイル」などの項目にわけて、いかにサヴァイヴするかが語られている。たとえば、「健康」の項目では、「ライセンスなしの健康管理実践」などが語られている。対抗文化が生み出したデザインが語られてから40年以上をへた現在、ふたたび、モダン・デザインが対象とした問題へと目が向けられはじめたといえるだろう。

✤6-12 P. J. & J. P. S. ヘンドリクス「Qドラム」1993
ポリタンクで水を運ぶ作業を軽減した

クロニクル………………………建築編

建築本来の価値体系への回帰を目指すポスト・モダン

　1977年、「ポンピドゥー・センター」がパリの中央市場跡地再開発の一環として登場したとき、建築におけるモダニズムは使命をひとまず終えたと見なせるだろう。大々的な国際コンペを経て681の応募案から選ばれた、レンゾ・ピアノとリチャード・ロジャースによる「ハイテクの権化」のような近現代芸術の総合的文化施設は、生まれ落ちたときから「自家撞着」を体現していた。

　これは先端の表現なのか？　いやそうではなくて19世紀以来の工業主義の総括役を担っているのか？　はたまた、すでに前衛という概念自体が死語になった時代相を投影しているのか？　そうした位置づけのいずれもがあたらずといえども遠からずで、この建築は先端的でありながら、ある意味、古めかしくもあった。

　大道芸人たちの舞台となっている傾斜した広場に面する西側の壁面には、エスカレーターを内に包むガラスのシリンダーが、ジグザグ状で上階まで張りついている。若者が過半を占める世界からの来訪者は、このシリンダーのなかを上下階へ移動する。その光景を目の当たりにすると、「建築が動いている」あるいは「躍動している」と実感できる。これこそ、「速度と移動の世紀」を大規模に写し取った最初、いや最後の建築だったといえるだろう。

　ル・コルビュジエの「サヴォア邸」は、足元をピロティにして建築を宙に浮かせた。

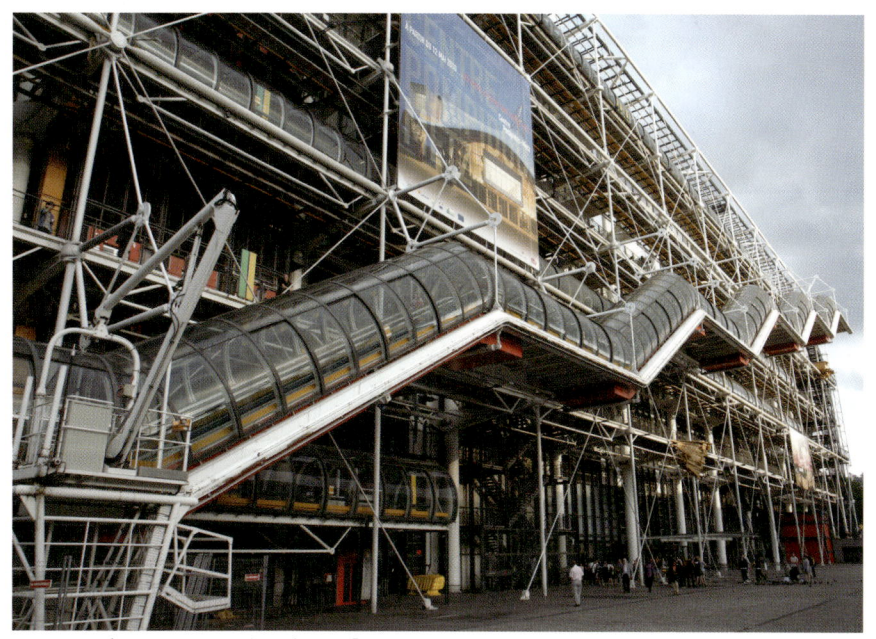

＊6-13　レンゾ・ピアノ、リチャード・ロジャース「ポンピドゥー・センター」1977

第6章　政治、経済、情報環境の絶え間ざる変化の渦中で

しかし、そこに「動き」はなかった。その点では「ポンピドゥー・センター」は、19世紀半ばに「クリスタル・パレス」がいち早く実現したガラスと鉄の大空間を、直感的な視覚でも「動かす」ことに成功した。工業主義の原点としての19世紀の空間をかたくなに継承しながら、20世紀初頭のモダニストたちの「見果てぬ夢」を実現したことになる。

この画期的な建築に対するパリのひとびとの受け止め方は、初めは景観破壊の元凶と糾弾し、歳月が流れるにつれて容認、さらには文化都市パリには不可欠な存在と賞揚するまでになった。シリンダーのエスカレーターの反対側の外壁には、所狭しと配管類が張りめぐらされている。送風は「青」、給排水は「緑」、電気関係は「黄」、そして、昇降は「赤」という〈決まり〉で塗り分けられた金属の管は、カラフルなポップアートの解放感を、背後に広がる歴史的街区マレー地区に振りまいている。その「衝突の対比」を破壊とするのか、意図的な美の対峙と見なすのか、結局、後者が勝ってしまった。

奇しくも1977年は、チャールズ・ジェンクスが『ポスト・モダニズムの建築言語』を刊行した年にあたる。すでにモダニズムの疲弊は認識され、弊害への批判は高まっていた。19世紀以来の空間を総括し、20

❖コラム4❖ **ビヨンド・ユートピア** ❖

1984年に米国のマイケル・ブラックウッドが制作・監督をつとめたドキュメンタリー映画「ビヨンド・ユートピア」は、ポスト・モダン時代の到来を宣言する刺激的な内容だった。モダニズムのいわば事務局長的な役割をつとめてきた建築家フィリップ・ジョンソンが登場し、ポスト・モダンへの「転向」をてらいもなく宣言したからである。

ジョンソンは、モダニズム批判の急先鋒だったロバート・ヴェンチューリの著書『建築の多様性と対立性』を3度も熟読したと告白し、ヴェンチューリだけでなく、「ポートランド市庁舎」で時代の寵児となっていたマイケル・グレイブス、難解な建築論を展開してきたピーター・アイゼンマン、さらにフランク・ゲーリーらの紹介役までつとめてみせた。

ジョンソンが「AT&Tビル」を手がけた当初は、丹下健三の「彼の冗談を信じてはいけない」などという受け止め方もあったが、このフィルムはそうした守旧派の「淡い消極的な期待」を粉みじんに破壊した。時代は、米国で動いてしまっていたのである。

ちなみにこの映画のうたうユートピアとは、ヨーロッパから建築家たちがやって来てモダニズムによって理想郷をつくりあげようとしたとの認識に基づいている。タイトルは、その理想郷をポスト・モダンが超越しようとしていると

*6-14 フィリップ・ジョンソン「リパブリックバンクセンター」1983

の意である。映画に先立ってトム・ウルフが著したモダニズム批判の書『From Bauhaus to Our House』の、「史観」(少し大げさだが)が、そこに反映されている。

世紀の「夢」をかたどった「ポンピドゥー・センター」は、20世紀の建築観を総括する形で登場し、本来は遅れてきた存在だったのかもしれなかった。だがモダニズムの英雄的かつ革命志向の思惟を斥け、あらゆる歴史的な建築思潮（モダニズムを含む形で）を肯定・追認するポスト・モダンの建築観が広がるなかで、批判を超越した存在になりえたのである。

機能主義に偏して、市民とのコミュニケーション不全に陥っていたモダニズムへの批判は、米国ではロバート・ヴェンチューリとデニス・スコット・ブラウン夫妻の著作『建築の多様性と対立性』や『ラスベガスから学ぶこと』によって、過激な形で展開された。ミース・ファン・デル・ローエやル・コルビュジエのいわば執事役として振る舞ってきたフィリップ・ジョンソン（1906-2005）は、自身がヴェンチューリの著作の愛読者であったことを告白して、「モダニズムは間違っていた」と転向を宣言した。70代の半ばに差しかかっていた彼は生涯の軌跡を自ら否定する形でポスト・モダンに舵を切った。

ジョンソンは米建築界の指導的な立場を利し、全米の主要都市に次々と華麗な超高層ビルを出現させて、社会をあっといわせた。マンハッタンの「AT＆Tビル」では、古めかしいチッペンデールの家具の形を借りて、頂部をブロークン・ペディメントで仕立て、アール・デコの摩天楼への懐旧の念をかきたてた。意欲的なディベロッパー、ジェラルド・ハインズの力を借りたヒューストンでは、ゴシックの尖塔が無数に立ち並ぶかのような「リパブリックバンク・センター」を手がけた。

ジョンソンよりはるか下の世代のマイケル・グレイブス（1934-）は、米オレゴン州の「ポートランド市庁舎」を、リボン状の花飾りで演出した。艶やかな彩色とあいまって、「手放しでハッピーな」ポスト・モダン建築のひとつの「ひな型」がつくりあげられ、彼は時代の寵児となった。やがて、「ウエディングケーキ」とも呼ばれた「ポートランド市庁舎」流のポスト・モダンの造形は、米国におけるショッピングモールやテーマパークのブームに乗って、それら商業施設の「様式」として、世界規模で認知されるに至った。

その点において、グレイブスは「流行作家」と呼ぶにふさわしかった。そうなのだ、彼は、アール・ヌーボーの熱気に包まれていた19世紀末パリのエクトール・ギマール以来久々の「流行作家」だったのかもしれない。1900年のパリ万博に際して新設された地下鉄出入り口のコンペにおいて一度は落選したギマールは、消費都市パリには流行様式が不可欠だとの銀行家の横槍で設計者となり、すべての駅をアール・ヌーボーで仕立てることが実現した。考えてみれば、それは建築と消費、あるいは商業主義が幸福な二人三脚でありえた蜜月下の実践例だったといえよう。以後、消費施設は建築家の手からこぼれ落ち（モダニズムが意図的にそうさせたのだが）、消費の世紀であった20世紀において、モダニズムの建築は人心と乖離した存在となってしまった。

グレイブスの「スタイル」が消費・商業施設で主流となり得たのは、19世紀のような工業生産の場ではなく、消費の性格を強めた20世紀都市がそれを歓迎したからである。これは米国を席巻した、あらゆる公的規制を後退させたロナルド・レーガン大統領による「ディズニーランド政治」と深く関係している。1980年代の世界は、バブル経済を基調に、レーガン、英国のマーガレット・サッチャー首相、日本の中曽根康弘首相の3者が「規制緩和」で手を結び、それまで都市運営に自制と規律をもたらしてきた公共主導の原則の排除に力を入れた。

＊6-15 フィリップ・ジョンソン「AT&Tビル」1984

＊6-16 「AT&Tビル」ロビーの彫刻「ゴールデンボーイ」

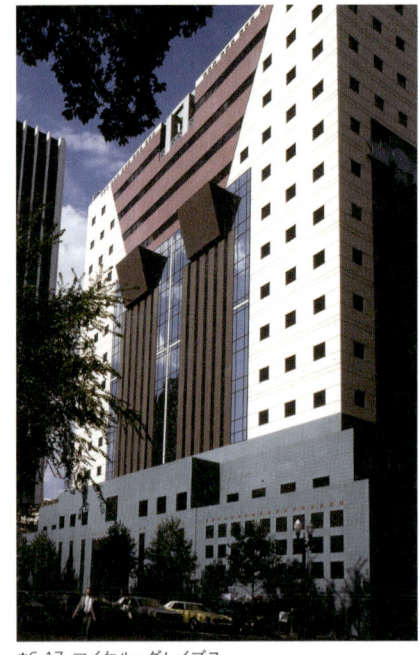

＊6-17 マイケル・グレイブス「ポートランド市庁舎」1982

　機能と合理という二つのイズムを奉じる、しかつめらしい面立ちのモダニズムはそこでは排除され、「ディズニーランド政治」に似つかわしい「幸福感」が求められた。グレイブスの「ポートランド市庁舎」はその期待を十二分に満たすものであり、モダニズムの純白やグレーの沈黙した壁との対比でも、1980年代の世界が求めたところを見事に体現していた。

　ポスト・モダンが、モダニズムの倫理観を捨て去ったとの批判は、近代建築批判の嵐が一段落した時点で、しばしば語られた。この批判に対しての回答は、ル・コルビュジエが中心になって制定された近代都市の原則とされる「アテネ憲章」の限界を記すことで事足りよう。「アテネ憲章」には消費や商業主義に関する記述はほとんどなく、平日、仕事に追われてきたひとは、週末には「余暇」を楽しむ想定になっている。散歩するための公園やスポーツ施設は用意されて

いるが、それだけで余暇をまかなうのは、現代の暮らしを想定したとき、あまりにも現実からかけ離れている。そうしたいわば「仙人的な暮らし」を護持するのがモダニズムであり、そこにポスト・モダンが消費を持ち込んで都市を攪乱したというのなら、それは本末転倒の議論というべきだろう。ひとは誰一人として例外なく消費するのであり、それによって資本主義経済は成立している。その資本主義社会で建築活動をしながら、自分たちだけが消費とは距離をおいて、清潔感を漂わせうるという妄言を口にするのは、モダニズムの20世紀における自家撞着と蹉跌を自ら認めているようなものである。

　グレイブスと前後して、シカゴではヘルムート・ヤーンが「ハイテク・ロマンティック」と称する、まさに「都市の夢」を紡ぎだすような超高層を含む一群の作品を出現させた。「ポスト・モダン・デコ」という呼称は、のちに磯崎新が冷笑的なニュアンス

＊6-18 マーフィー／ヤーン建築事務所「ワン・サウス・ワッカー」1982

＊6-19 マーフィー／ヤーン事務所「イリノイ州センター（ジェームス・R・トンプソン・センター）」1985

第6章　政治、経済、情報環境の絶え間ざる変化の渦中で

建築本来の価値体系への回帰を目指すポスト・モダン

で使った用語だが、ルイス・サリバンやダニエル・バーナムらシカゴ派の往時に比肩する活力にあふれるヤーンの作品は、むしろ肯定的なニュアンスでそう呼んでもおかしくはないだろう。

1982年に完成した「ワン・サウス・ワッカー」では、ミラーガラスの外壁に、ピンク色で摩天楼都市のスカイラインを図案化した。シカゴの旧ダウンタウンエリアは、1970年代の米国の都市の多くと同じように治安が悪化して、街区としての疲弊がきわまっていた。それを、このロマンティックな超高層ビルや、やはりヤーンの手がけた巨大なガラスのアトリウム建築「イリノイ州センター（ジェームズ・R・トンプソン・センター）」などが旧都心への関心を覚醒させ、シカゴは新旧二つのダウンタウンの整備によってバランスよく再生された。

それは、米国における装飾的な摩天楼を核とした偉大な都市の時代であった1920〜30年代を彷彿とさせる「建築の功績」であり、その点でも「ポスト・モダン・デコ」という呼称をシニカルなニュアンス抜きで使ってよいだろう。

建築思潮におけるポスト・モダンの最大の効用は、「現在」が必ず「過去」を凌駕していくとする単純な「ホイッグ史観」を克服したところに求められよう。ポスト・モダンは、アール・デコをはじめ、臆することなく積極的に「過去」を参照し、経済先進国が搾取対象としか見なかった「土着」や「地域」を造形の資源として見直し、モダニズムの絶対性を揺るがせた。たとえるならば、歴史上に存在する時代様式のすべては、容認継承される価値があり、モダニズムもそのなかのひとつでしかないという考え方の定着である。これはホイッグと逆の「トーリー史観」の立場に依拠する。

この思考回路に立てば、歴史的な遺産としての過去の建築を軽々に壊すことなど許されるはずもなく、営々と維持されてきた景観もまた保護されてしかるべきである。パリにあって1900年の万博以来、セーヌの岸辺の景観を形成してきた「旧オルセー駅」が、ル・コルビュジエらによる度重なる新築計画を回避して生き残り、ジスカール・デスタン、ミッテランの2代の大統領の手で旧態が保存され、印象派のための「オルセー美術館」（1986年、ガエ・アウレンティ、ACT設計）として再生されたことは、こうしたポスト・モダンの思考の集大成として語り伝えるに値する。「オルセー美術館」に、世界から来た観光客が長蛇の列をつくるのを見る度に、ポスト・モダンの「功」をしっかり認識すべきだろう。

ポスト・モダンの養分ともなった土地バブルは1990年代の初めには崩壊して、現代建築は方向性を見失った。モダニズムの建築が、抽象の幾何立体という無機的な造形に偏ることで破綻したのを受けて、ポスト・モダンは、歴史を参照して具象的で（たとえそれがシルエットをなぞったものであれ）強い図像を駆使した。そして、土地バブルが崩壊して、ポスト・モダンが先進的とは見えなくなったとき、「エフェメラル」という消極的な観念が建築家の創作にまとわりつき、半透過の素材を使って「存在を消す」作品が、建築家とその周囲を取り巻く、実際は閉鎖的なジャーナリズムの枠内でにぎにぎしく称賛された。

ジャン・ヌーベルによる、半透過のガラスをレイヤーとして幾重にも重ね、映り込みを計算し尽くした建築（例えば、ベルリンの「ギャラリー・ラファイエット百貨店」）など、「エフェメラル」に分類される建築にも秀逸なものはある。だが、過半は、モダニズム崩壊の引き金となったポスト・モダンへの反動として、強い「図像」表現を避けるかのように「かげろう」を追い求めている感が強い。ややもすれば消極的とも思える

❖コラム5❖ ブームタウンの夢のあと

インターネットなどデジタル化された世界が到来する前夜、1980〜90年代は「ブームタウン」の時代だった。第二次大戦後の復興、1960〜70年代の異議申し立てを経て、都市はまだまだ世界を牽引できる存在だった。建築のモダニズム批判は、ポスト・モダンの勝利で一段落し、新たなオフィス街区が、産業構造の転換で空地の出現した湾岸に求められ、世界中に「ブームタウン」が出現した。

バッテリーパークシティのニューヨーク、ドックランドのロンドン、そして、臨海副都心などの東京。そこでは地価が高騰し、相対的に建築にかける工費が安価に思われ、建築は上辺の華麗な装飾性を競った。その熱狂は各国の首都から地方都市にも及び、都市は不動産のバブルに踊った。それらに対して、パリは、ミッテラン大統領による公共主導の文化施設整備施策「グラン・プロジェ」のもと、ルーブル美術館やオルセー美術館の改築を進め、次元の異なるブームタウンとして気を吐いた。

土地バブル崩壊、さらにデジタルネットワークにビジネスの場が移ったとき、都市のそうした活動は下火となり、現実の都市を前提とした「ブームタウン」は、20世紀の最後の「夢」となってしまった。世界のあらゆる情報がユビキタス環境下で、掌中の携帯電話を介して、視界に飛び込んでくるとき、建築も都市も、また、否応なく存在意義を問われ、変容を余儀なくされている。

*6-20 シーザー・ペリ
「ワールドフィナンシャルセンター ウィンターガーデン」1987

21世紀の建築の構成法に未来があるかどうかは見定めねばなるまい。

インターネットの世界が広がるにつれ、消費の場であることを特権としてきた都市の存在意義は揺らぎ、その状況の変化は建築の社会的な位置づけにも大きな影響を与えつつある。思えばパソコンや携帯電話の画面の向こうには、仮想の無限空間が広がっている。表層的であれ、そこでの体験の多様さに、既存の都市のこれまで積み重ねて来た現実の建築空間が対抗できうるのかという議論は避けて通れまい。例えば、ひとつの商品を買おうとするとき、インターネットでくまなく検索して集めた情報のほうが、「手にとる実感」よりも、消費行動の決断に際してより有効に働くのではという「指摘」に、現実の都市が対抗しうるのかという問題設定である。近代都市の成立以降、都市と建築がモダニズムの妨害をはねのけ手中に収めてきた「魅力的な消費の場」さえ明らかに揺らぎ、消滅しかかっているようにも思える。

そのとき、都市と建築は、通信回線を通しての代理体験では全うできない事象にすがりつくしかなくなってしまうだろう。米ネバダの砂漠の真ん中に、エジプトのピラミッド、ニューヨークの摩天楼、北イタリア・コモ湖の水辺、パリのエッフェル塔、ヴェネツィアのサンマルコの塔などが、それぞれ巨大ホテルの「テーマ」のオブジェと

＊6-21, 22
ガエ・アウレンティ、ACT
「オルセー美術館」1986

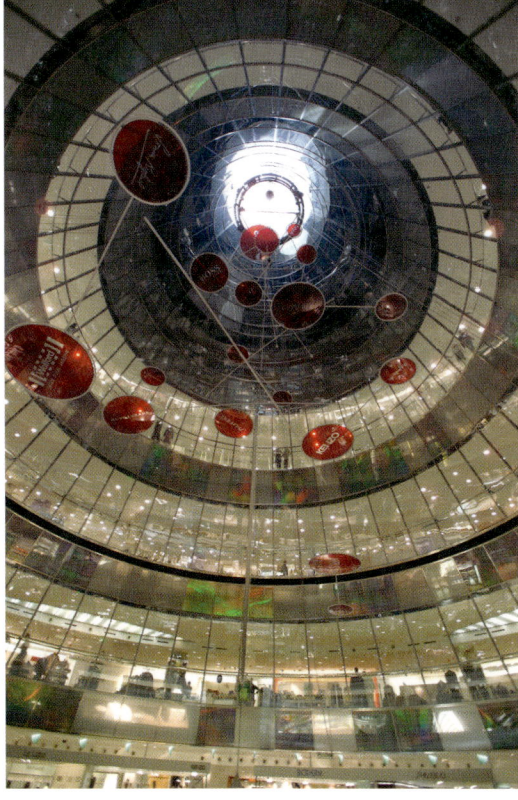

＊6-23, 24
ジャン・ヌーヴェル
「ギャラリー・ラファイエット百貨店 ベルリン」
1996

❖コラム6❖ ベルリンの絶望

　1989年に「壁」が崩壊する前後の旧西ベルリンでの建築の動向は、20世紀の都市づくりの是非を考えさせた。ひとつは「壁」崩壊前夜の「IBA」であり、もうひとつは崩壊後の「ポツダム広場」の再開発である。

　「IBA」は、旧西ベルリンの「壁」に近いエリアに世界中から一線の建築家を招聘し、新たな都市居住のための集合住宅群を設計させ、建設する企てだった。すでにポスト・モダンの思考は行き渡り、建築家たちは「ベルリンの都市の文脈」を踏まえて、視覚的に目をひく住宅群を出現させた。

　アルド・ロッシは、イタリアの土着的な色彩感覚をベルリンの市街地に持ち込み、磯崎新はバロックの銀行建築の背後の中庭にルネサンスの邸宅を形象化した中層の作品を実現した。ピーター・アイゼンマンは「壁」を突破して「東」から「西」へと逃げ込んだひとびとの軌跡を辿る「博物館」を設計した。しかし、それらの建築には「根無し草」の空疎さが顕著だった。

　そして、「壁」が崩壊すると、第二次大戦前は中心街でありながら、完全に破壊されてしまった「ポツダム広場」の再開発が、ダイムラーの手で進められた。世界の一線級の建築家が集合して、レンゾ・ピアノが全体のリーダーとなった。しかし、そのピアノがもたらした広場と街路は、貧弱きわまりなく、戦前の繁華街の豊かな空間

*6-25　ポツダム広場 ダイムラー・シティ

には程遠かった。個々の建築は、ヘルムート・ヤーン、リチャード・ロジャース、磯崎新らに委ねられたが、それらの創作物が群として都市に貢献する形はつくれなかった。

　「IBA」と「ポツダム広場」。政治の後押しを受けながらも、ベルリンにおいて現代建築家たちは未来はもちろん現在の実りを総括する都市空間さえもたらせなかった。そして、20世紀が暮れた。

*6-26　ピーター・アイゼンマン「チェックポイント・チャーリー博物館」1987

*6-27　レンゾ・ピアノ「デビス本社」1997

してならぶ。その歓楽都市ラスベガスの姿を見るとき、都市と建築の危機的な状況を実感せざるを得ない。そこには確かに大規模な現代建築が林立し、実在している。しかし、本来は隣り合わないものを、巨大な資本の力で大通り沿いに集合させた砂漠のなかの急ごしらえの人工都市を巡ることで得られる「現実感」は、テレビをザッピングしながら、世界各国の風物をディスプレイ越しに通覧しているのとどこか似通っている。つまり、ラスベガスが提示する都市ならではの「ハレ」は、テレビのザッピングやインターネットのサーフィンの次元に堕してはいないか？ そこでは近代都市が存在の原点としてきた「等身大の遊歩感覚」は過去の遺物扱いだ。さらに、建築家はホテル運営のプロデューサーの指揮下に組み込まれ、主体性とは程遠い作業者の次元で、がらんどうの大規模なオブジェの設計に粛々といそしんでいる。都市の現実感にとどまろうとしても、建築家の職能も変質を余儀なくされている。

そうした陳腐な名所の代理物に拒否感を抱く「本来の旅行者」は、世界遺産リストを手に現実の世界を飛び歩いている。彼らはもとより現代建築に対する強い忌避感覚の持ち主であり、現代の都市を舞台とする建築を巡る創造が過去の遺産を凌駕することへの期待感を全く持ち合わせていない。思うに彼らは、広義のポスト・モダンの有力な理解者であり、その思考のなかで、同時代の建築は未来への希望の一里塚でなくなってしまった。

かつてロバート・ヴェンチューリは、モダニズムを奉じる建築家の過てる英雄的姿勢に対して、逆説的に「醜悪な日常」を対比させることで、モダニズムの建築が喪失したコミュニケーション回復の可能性を見出そうとした。ヴェンチューリ夫妻が1960年代に踏査したラスベガスには「醜悪な〈非日常〉」（やさぐれが闊歩する）がならび、モダニズムの対極を構成していた。一方、現在のラスベガスは、ディズニーランドの空間が例えば世界じゅうの凡庸なショッピングモールなどで追従されていくように、巨大さで呆れさせはしても所詮は批判精神に欠ける「醜悪な日常」を積極的に増殖させているのに過ぎないと見なせる。近年、ヴェンチューリは、かつての「醜悪な日常」に換えて「エブリデーカルチャー」という言葉を使っている。工業生産の素材によって、世界の建築を「同時革命的」に変貌させることを夢想したモダニストたちの「英雄願望」が虚構でしかないことをポスト・モダンは暴

＊6-28 ホテル「ベラージオ」

＊6-29 ホテル「ヴェネチアン」

第6章 政治、経済、情報環境の絶え間ざる変化の渦中で

175 建築本来の価値体系への回帰を目指すポスト・モダン

＊6-30 ホテル「ニューヨーク・ニューヨーク」

きたて、その結果、「エブリデーカルチャー」、つまり凡庸で身辺のどこにでも転がっているようなゆるい文化事情が横行している。現在のラスベガスはその極点なのだ。

ジョン・ジャーディが世界各国で手がけているショッピングモールの「ウエルメイド（よくできている）」の空間に立ち合うとき、上質な「エブリデーカルチャー」とはそのようなものかと納得する。

それにしても、20世紀の建築家たちの行動の根底に「英雄願望」があったと見なすなら、その彼らの心情の継承を自負する建築家たち（ジャーディの対極の存在のはずだ）が「エフェメラル」という、なんとも心もとない概念に身を寄せている状況をどうとらえればよいのだろうか。

高揚も悲観もない。激動期であればあるほど、冷静に現実を受け止め、社会が真に必要としている方向を、おもむろに見定めていくしかあるまい。

＊6-31 ホテル「ルクソール」

＊6-32 ホテル「パリス・ラスベガス」

クロニクル［建築編］

註

第 1 章
*1 ヴィダー・ハーレン「クリストファー・ドレッサーと日本礼賛」『クリストファー・ドレッサーと日本』展カタログ、郡山市立美術館、2002年

第 2 章
*1 ヴァルター・ベンヤミン『パサージュ論 第1巻』今村仁司、三島憲一訳、岩波書店、1993年
*2 ヴァルター・ベンヤミン『パサージュ論 第5巻』今村仁司、三島憲一訳、岩波書店、1995年
*3 ベンヤミン『パサージュ論 第1巻』
*4 ベンヤミン『パサージュ論 第5巻』

第 3 章
*1 Julius Posener, Between Art and Industry The Deutscher Werkbund, in The Werkbund History and Ideology 1907-1933, editor Lucius Burckhardt, Barron's, 1980
*2 Hans M.Wingler, BAUHAUS, MIT Press, 1986
*3 前掲書

第 4 章
*1 Gregory Votolato, AMERICAN DESIGN IN THE TWENTIETH CENTURY, Manchester University Press, 1998
*2 S. ギーディオン『機械化の文化史』栄久庵祥二訳、鹿島出版会、1977年
*3 Donald J. Bush, THE STREAMLINED DECADE, George Braziller, 1975
*4 Victor Arwas, ART DECO, Academy Editions, 1980

第 5 章
*1 Brett Harvey, THE FIFTIES A Women's Oral History, Harper Perennial, 1993
*2 Thomas Hine, Populuxe, Alfred A. Knopf inc, 1986
*3 J. A. プーロス『現代アメリカ・デザイン史』永田喬訳、岩崎美術社、1991年
*4 前掲書
*5 リック・プレリンジャー『忘れられたフィルム』監修・柏木博、ボイジャー、1996年(CD-ROM)
*6 Gregory Votolato, AMERICAN DESIGN IN THE TWENTIETH CENTURY, Manchester University Press, 1998

第 6 章
*1 アンリ・ルフェーヴル『空間と政治』今井成美訳、晶文社、1975年
*2 前掲書
*3 ジャン=フランソワ・リオタール『ポスト・モダンの条件』小林康夫訳、星雲社、1986年
*4 前掲書
*5 Bruce Mau with Jennifer Leonard and the Institute without Boundaries, Massive Change, Phaidon Press Limited, 2004
*6 Cooper-Hewitt National Design Museum, Design for the Other 90%, Smithsonian Institution, 2007
*7 Whole Earth Catalog, Penguin Books, 1972
*8 The New Women's Survival Sourcebook, Editors: Kirsten Grimstad and Susan Rennie, Alfred A. Knopf, 1975

参考文献

【近代建築と近代都市の理解に】

L.ベネヴォロ著、武藤章訳『近代建築の歴史』鹿島出版会、2004

D.J.オールセン著、和田旦訳『芸術作品としての都市——ロンドン／パリ／ウィーン』芸立出版、1992

C.E.ショースキー著、安井琢磨訳『世紀末ウィーン——政治と文化』岩波書店、1983

松井道昭著『フランス第二帝政下のパリ都市改造』日本経済評論社、1997

松葉一清著『失楽園都市——20世紀の夢と挫折』講談社、1995

鹿島茂著『デパートを発明した夫婦』講談社、1991

E.ハワード著、長素連訳『明日の田園都市』鹿島出版会、1968

W.ベンヤミン著、今村仁司、三島憲一訳『パサージュ論』岩波書店、1993

【19〜20世紀のデザイン論／建築論の理解に】

J.ラスキン著、杉山真紀子訳『建築の七燈』鹿島出版会、1997

J.ラスキン著、内藤史朗訳『ヴェネツィアの石——建築・装飾とゴシック精神』、法蔵館、2006

W.モリス著、五島茂、飯塚一郎訳『ユートピアだより』中央公論新社、2004

N.ペヴスナー、J.M.リチャーズ編、香山寿夫、武沢秀一、日野水信訳『反合理主義者たち——建築とデザインにおけるアール・ヌーヴォー』鹿島出版会、1976

G.ヴェロネージ著、西沢信弥、河村正夫訳『アール・デコ——〈一九二五年様式〉の勝利と没落』美術出版社、1972

【現代建築の理解に】

W.W.コーディル、W.M.ペニヤ、P.ケノン著、六鹿正治訳『建築鑑賞入門』鹿島出版会、1979

O.ランカスター著、白石和也訳『絵で見る建築様式史』鹿島出版会、1979

R.ヴェンチューリ著、伊藤公文訳『建築の多様性と対立性』鹿島出版会、1982

R.ヴェンチューリ他著、石井和紘、伊藤公文訳『ラスベガス』鹿島出版会、1978

D.ワトキン著、榎本弘之訳『モラリティと建築』鹿島出版会、1981

C.ジェンクス著、黒川紀章訳『現代建築講義』彰国社、1976

チャールズ皇太子著、出口保夫訳『英国の未来像——建築に関する考察』東京書籍、1991

大高正人、川添登編『メタボリズムとメタボリストたち』美術出版社、2005

図版クレジット

アップルジャパン　6-11
北澤美術館　2-13
下村純一　2-29, 3-8
ゼネラルモーターズ・ジャパン　5-1, 5-3, 5-14〜21
ピアッジオグループジャパン　5-7
フォルクスワーゲン グループ ジャパン　5-12
藤森照信　5-29
三沢浩　5-2
Marc Riboud　6-4

柏木博　1-8, 2-9, 6-5, 6-8, 6-9
松葉一清　1-4, 1-17, 1-19〜21, 1-25〜37, 2-1, 2-3, 2-4, 2-14〜28, 2-30〜38, 3-6, 3-13, 3-20, 3-21, 3-27, 3-28, 3-32, 4-29〜33, 4-35, 4-37, 4-39〜43, 5-23〜28, 5-30〜40, 6-1〜3, 6-7, 6-13〜32
武蔵野美術大学 美術館・図書館　1-2, 1-3, 1-6, 1-11, 1-23, 3-1, 3-3, 3-14〜16, 4-18, 5-8〜11, 5-13, 6-6

索引

あ行

アールト、アルヴァー……………118, 119, 147
アイゼンマン、ピーター………………166, 174
アウレンティ、ガエ………………………170
アシュビー、チャールズ・ロバート………51
アルベルス、ヨゼフ………………………76
アレン、ウィリアム・ヴァン………111, 114〜116
粟津 潔………………………………150
イームズ、チャールズ……123, 126, 127, 130, 131
磯崎 新……………………150, 169, 174
イッテン、ヨハネス………………………76
ヴァン・ド・ヴェルド、アンリ…46, 70, 72〜74, 85
ヴィオレ=ル=デュク、ウジェーヌ=エマニュエル
……………………………………35, 58
ウィトルウィウス………………………117
ヴェスニン兄弟…………………………83
ウェッブ、アストン………………………14
ウェッブ、フィリップ………………17, 18
ヴェンチューリ、ロバート………90, 166, 167, 175
ウォーカー、エマリー……………………19
ウォーホル、アンディ……………………123
歌川広重…………………………………44
ウッドワード、ベンジャミン………………35
梅田正徳………………………………157
ウルフ、トム……………………………166
エイゼンシュタイン、セルゲイ……………104
エーコ、ウンベルト……………………156
エーン、カール…………………………119
エッフェル、ギュスターヴ…………………55
エバーソン、ジョン…………………110, 111
エルラー、フリッツ………………………71
オスマン、ジョルジュ…………29, 30, 38, 139
オルタ、ビクトル…………………………58
オルブリッヒ、ヨーゼフ・マリア……50, 63, 85

か行

カーン、アルバート………………81〜84, 92
カーン、ジュリアス…………………82, 84

ガウディ、アントニオ……………………59
カラトラバ、サンティアゴ………………135
ガルニエ、シャルル………………………55
ガレ、エミール……………………………52
川添 登…………………………………143
カンディンスキー、ワシリー…………76, 77
ギーディオン、ジークフリート……………106
菊竹清訓………………………………143
北野恒富…………………………………46
ギマール、エクトール……46, 58, 59, 61, 63, 167
キリコ、ジョルジョ・デ……………138, 139
近代建築国際会議（CIAM）……83, 118, 141, 143
グラッセ、ウジェーヌ…………………41, 42
クライスラー、ウォルター・P.……………114
倉俣史朗………………………………150
クリムト、グスタフ…………………50, 62
グレイブス、マイケル………………166〜169
クレイン、ウォルター……………………21
クレー、パウル…………………………76, 77
クレルク、ミケル・デ……………………90
黒川紀章………………………135, 143, 150
黒木靖夫………………………………162
グロピウス、ヴァルター……71, 74〜77, 82〜84
　　　　　　　　　　90, 118, 120, 145, 146
ゲーリー、フランク……………………166
ゲッペルス、ヨゼフ…………………135, 137
ゲディーズ、ノーマン・ベル………98, 99, 101, 102
　　　　　　　　　　　　　　　　　　104
木檜恕一………………………………52
ゴッホ、フィンセント・ファン……………44
コルト、サミュエル………………………10

さ行

ザ・フォー………………………………47
サーリネン、エーロ……………127, 130〜133, 145
サーリネン、エリエル………………126, 127
坂倉準三………………………………119
ザニーニ、マルコ………………………156
サリバン、ルイス…………………82, 170

179

サンテリア、アントニオ･････････････････････91
シェレ、ジュール･･･････････････････････41, 42
ジェンクス、チャールズ･･･････････････････166
ジャーディ、ジョン･･･････････････････････176
ジャンソン、ニコラ･･･････････････････････19
シュスト、フローレンス･･･････････････････131
シュペーア、アルベルト･･･････････98, 137, 139
シュミット、フリードリッヒ・フォン･････････53
シュミット、ヨースト････････････････････76
シュリーブ、ラム、ハーモン事務所･･･111, 147
シュレンマー、オスカー････････････････76, 77
ジョーンズ、オーウェン･････････････････22
ジョーンズ、ジャスパー････････････････123
ジョブズ、スティーブ･････････････････154
ジョンソン、フィリップ･････････････166, 167
シンケル、カール・フリードリヒ･････････118
スキッドモア・オウイングス・アンド・メリル(SOM)
･････････････････････････････････145
スターリング、ジェームス･･････････････147
スタール、ヤン・フレデリック････････････109
スタインベック、ジョン････････････････106
スタジオ・アルキミア････････････････156
スティーブンソン、ロバート･････････････10
ゼネフェルダー、アロイス･････････････41
ゼンパー、ゴットフリート･････････････58
ソットサス、エットレ･････････････156, 157
ソバージュ、アンリ････････････････109

た 行

ダ・ヴィンチ、レオナルド･････････････61
ターナー、リチャード･････････････････31
ダイアー、ヘンリー･･･････････････････44
タウト、ブルーノ･････････････････････71
高島北海･････････････････････････52
竹山 実･････････････････････････150
ダスカニオ、コランディーノ････････････127
タトリン、ウラジミール・エプグラフォーヴィッチ
･････････････････････････････67, 79
丹下健三･･････････････････135, 142, 143, 166
タンプリエ、レイモン･･････････････････107
チェルニホフ、ヤコフ･･････････････････99
チャールズ皇太子（プリンス・オブ・ウェールズ）
･･･････････････････････････････159

チャップマン、デイブ･･････････････････123
中條精一郎････････････････････････62
デ・ステイル･･･････････････････72, 76, 90
ティーグ、ウォルター・ドーウィン･･･98, 99, 102
テュン、マテオ･･････････････････････156
テラーニ、ジョゼッペ･･････････････････91
ドイツ工作連盟･････････66, 69〜74, 77, 78, 83
ドゥースブルフ、テオ・ファン･･････････････72
東畑謙三････････････････････････84
トーネット、ミヒャエル･･･････････････15
トルッソ、ジャコモ・マッテ････････････82
ドレイファス、ヘンリー････････98, 99, 102, 103
ドレッサー、クリストファー････････････22
ドレフレス、ジロ･････････････････････156

な 行

ナポレオン・ボナパルト･･･････････25, 27, 29, 139
ニーマイヤー、オスカー･･･････････････142
ニジンスキー、ヴァーツラフ・フォミッチ･････104
ヌーベル、ジャン･･･････････････････170
ネルソン、ジョージ･･････････････123, 130, 131
ノール、ハンス･･････････････････････131

は 行

バーナム、ダニエル･･････････････････170
バーン=ジョーンズ、エドワード････････18, 21
バイヤー、ハーバート･･････････････････77
バウハウス･･･15, 66, 71, 72, 74〜76, 78, 83, 90
97, 118, 126, 131, 155, 157
パクストン、ジョセフ････････････････30, 55
橋口五葉････････････････････････46
バセット、ウォルター･････････････････55
パラディオ、アンドレア･････････････････35
バルト、ロラン･･････････････････････156
ハワード、エベネザー･････････････････62
ハンセン、テオフィル・フォン･････････53, 63, 141
ピアノ、レンゾ･･････････････････165, 174
ヒトラー、アドルフ･････53, 91, 98, 117, 118, 130
137, 139
ピュイフォルカ、ジャン･････････････････107
ピラネージ、ジョバンニ・バッティスタ･････27, 33
ファイニンガー、リオネル･･････････････75

ファウラー、チャールズ……………………31
フーコー、ミシェル………………………156
フェラー、モンゴメリー…………………123
フェルステル、ハインリッヒ・フォン………53
フォークナー、チャールズ…………………18
フォード、ヘンリー……66, 77, 78, 81〜83, 92, 114
フォンテーヌ、ピエール……………………25
フッド、レイモンド………………………117
フラー、リチャード・バックミンスター……122, 135, 154
ブラウン、デニス・スコット……………167
ブラウン、マドックス………………………18
ブラックモン、フェリックス………………44
ブランド、スチュワート……………154, 163
ブルーネル、イサムバード…………………10
ブルック、ピーター………………………150
ブレ、エチエンヌ=ルイ………………26, 27
ブロイヤー、マルセル………………76, 118
ベーレンス、ペーター……………………71〜74
ベック、ジョージ…………………………123
ペルシエ、シャルル…………………………25
ヘルツォーク・アンド・ドゥ・ムーロン……135
ベルラーヘ、ヘンドリック・ペートルス……90, 118
ベンヤミン、ヴァルター……………11, 41, 42, 44, 46
ホイットニー、イーライ……………………23
ポー、エドガー・アラン……………………42
ポーゼナー、ユリウス………………………71
ボードリヤール、ジャン…………41, 156, 158
ホーフシュテッター、ハンス・H……………46
ホームズ、チャールズ………………………22
ホール、ジョン・ハンコック…………10, 23
ホフマン、ヨーゼフ……………50, 51, 63, 71
ポンティ、ジオ………………………………91

ま 行

マーシャル、ピーター・ポール……………18
マイヤー、ハンネス…………………………74
マウ、ブルース……………………………162
マッキントッシュ、チャールズ・レニー……38, 39, 44, 46, 47, 50, 52, 61〜63, 70, 71, 109
マネ、エドゥアール…………………………30
マリネッティ、フィリッポ・トンマーゾ……91
マレ=ステヴァン、ロベール……………119
マレーヴィチ、カジミール・セヴェリーノヴィチ
　…………………………………………67, 78
ミース・ファン・デル・ローエ、ルートヴィヒ……74, 82, 84, 90, 91, 115, 118, 119, 143, 145, 146, 167
ミケランジェロ・ブオナローティ…………61
ミュシャ、アルフォンス…………………41, 42
ミラー、ハーマン…………………………130
ムテジウス、ヘルマン……………………70〜73
メイ、ヨハン・ファン・デル………………90
メタボリズム………………………………143
メンディーニ、アレッサンドロ…………156
メンデルゾーン、エーリヒ…………………89
メンフィス……………………91, 156, 157
モーザー、コロマン………………50, 51, 63
モホリ=ナジ、ラスロ…………………76, 77
モリス、ウィリアム……11, 17〜19, 21, 22, 35, 38, 39, 51, 61〜63, 66, 70, 75, 76, 109
モンドリアン、ピエト…………………72, 90

や 行

ヤーン、ヘルムート……………169, 170, 174
ヤマサキ、ミノル……………………145, 147

ら 行

ライト、フランク・ロイド………72, 82, 90, 113, 115, 118, 146
ラウシェンバーグ、ロバート……………123
ラスキン、ジョン………………18, 34, 35, 61
ラディチェ、バルバラ……………………157
ラファエル前派………………………18, 62
ラファエロ……………………………18, 61
ラブルースト、アンリ………………………26
ラリック、ルネ……………………95, 111
ラング、フリッツ……………………………89
リートフェルト、ヘリット・トーマス……72, 118
リーフェンシュタール、レニ……………135
リオタール、ジャン=フランソワ………157〜159
リキテンスタイン、ロイ…………………123
リズム、ジェンス…………………………131
ル・コルビュジエ………15, 72, 82〜84, 86, 90, 91, 101, 107, 115, 118, 139, 141〜143, 146

　　　　　　　　　　　　165〜168, 170
ルソー、ジャン＝ジャック……………………39
ルッキ、ミケーレ・デ…………………………157
ルドゥー、クロード＝ニコラ………………26, 27
レーモンド、アントニン…………………………84
レビット、ウィリアム……………………125, 126
ローウィ、レイモンド………98, 102〜105, 107, 108
　　　　　　　　　　　　123, 147
ロース、アドルフ………………15, 84〜86, 141
ローデ、ギルバート…………………130, 131
ロートレック、アンリ・ド・トゥルーズ…………41
ロシア・アバンギャルド……67, 78, 91, 97, 99, 107
　　　　　　　　　　　　108
ロジャース、リチャード…………………165, 174
ロセッティ、ダンテ・ゲイブリエル………………18
ロック、ジョセフ…………………………………10
ロッシ、アルド……………………………………174
ロトチェンコ、アレクサンドル・ミハイロヴィッチ
　　　　　　　　　　　…………67, 79, 107

わ 行

ワーグナー、オットー…………62〜64, 90, 119
ワイルダー、ビリー………………………………130
ワルム、ヘルマン…………………………………89

柏木　博　Hiroshi KASHIWAGI
デザイン評論家、武蔵野美術大学教授(近代デザイン史)。
1946年神戸市生まれ。武蔵野美術大学産業デザイン学科卒。
東京造形大学助教授などを経て現職。
主著に『近代日本の産業デザイン思想』(晶文社)、
『肖像のなかの権力』(平凡社、のち講談社学術文庫)、
『デザインの20世紀』(日本放送出版協会)、『日用品の文化誌』(岩波新書)、
『色彩のヒント』(平凡社新書)、『モダンデザイン批判』(岩波書店)、
『探偵小説の室内』(白水社)、『デザインの教科書』(講談社現代新書)など。

松葉一清　Kazukiyo MATSUBA
建築評論家、武蔵野美術大学教授(近現代建築・都市論)。
1953年神戸市生まれ。京都大学建築学科卒。
朝日新聞特別編集委員などを経て現職。
主著に『近代主義を超えて』(鹿島出版会)、『日本のポスト・モダニズム』(三省堂)、
『失楽園都市』(講談社選書メチエ)、『帝都復興せり!』『パリの奇跡』(朝日文庫)、
『『帝都復興史』を読む』(新潮選書)、
『モール、コンビニ、ソーホー──デジタル化がもたらす都市のポピュリズム』(NTT出版)、
『アンドウ──安藤忠雄・建築家の発想と仕事』(講談社)など、
共著に『奇想遺産』『奇想遺産Ⅱ』(新潮社)、『[復刻]実測・軍艦島』(鹿島出版会)など。

デザイン／近代建築史

2013年3月25日　第1刷発行

著者	柏木　博＋松葉一清
発行者	鹿島光一
発行所	鹿島出版会
	〒104-0028　東京都中央区八重洲2-5-14
	電話03-6202-5200　振替00160-2-180883
印刷・製本	三美印刷
ブックデザイン	伊藤滋章

©Hiroshi KASHIWAGI, Kazukiyo MATSUBA 2013, Printed in Japan
ISBN 978-4-306-09424-6　C1070

落丁・乱丁本はお取り替えいたします。
本書の無断複製(コピー)は著作権法上での例外を除き禁じられています。
また、代行業者等に依頼してスキャンやデジタル化することは、
たとえ個人や家庭内の利用を目的とする場合でも著作権法違反です。

本書の内容に関するご意見・ご感想は下記までお寄せ下さい。
URL: http://www.kajima-publishing.co.jp/
e-mail: info@kajima-publishing.co.jp